CHRISTOPH SCHLICK

Schick
die Affen
spielen

Die Liebe ist das Flügelpaar,
das Gott der Seele gegeben hat,
um zu ihm aufzusteigen.
Michelangelo

Für Christina

Inhalt

Prolog 13

... die Affen spielen mit! 15
   Meine Impulse 24

Die Glut, die in uns brennt 27

Potenzial ist Lebenskraft pur 29
   Meine Impulse 35

Dein Feuer erlischt nie 37

Geist: Sehnsucht und Erfüllung 39
   Meine Impulse 48

Acht Potenziale unseres Geistes 51

Einleitung 53

Trau dich 56
   Geist ist anders 56
   Das kaputte Bein 61
   Meine Impulse 64

Schau mal … 66

Geist ist aufmerksam 66

Mit Hund und ohne Handy 70

Meine Impulse 74

Hey du! 75

Geist ist dialogisches Sein 75

Mit Latif in eine neue Freiheit 78

Meine Impulse 84

Lass los! 86

Geist ist frei 86

Von »freigestellt« zu »frei gewählt« 90

Meine Impulse 94

Tu es! 96

Geist ist dynamisch 96

Heraus aus dem Treibsand der Passivität 100

Meine Impulse 103

Es geht ja! 105

Geist ist kreativ 105

Zu neuem Leben erweckt 110

Meine Impulse 114

Lebe! 117

Geist ist und will leben 117

Dafür will ich leben 124

Meine Impulse 129

Woooow! 131

Geist ist Liebe und will lieben 131

Wenn die Liebe dir winkt 137

Meine Impulse 142

Epilog 143

Lebe dein Leben – mit und ohne Affen! 145

Stacheldraht ums Herz 147
Ein Letztes 150

Anhang 151

Dank 153

Literatur 155

Textnachweis 157

Prolog

... die Affen spielen mit!

Ihr Affentum, meine Herren,
sofern Sie etwas Derartiges hinter sich haben,
kann Ihnen nicht ferner sein als mir das meine.
An der Ferse aber kitzelt es jeden, der hier auf Erden geht:
den kleinen Schimpansen wie den großen Achilles.
Franz Kafka

Der Vorschlag, ein Buch über Affen zu schreiben, war doch eine ganz schöne Herausforderung. Zumal ich ja nicht Zoologie, sondern Theologie studiert habe ...

Aber da unter anderem in meinem Umgang mit mir selbst und meinen Hilfestellungen für meine KlientInnen das »Stille-Werden«, das Zu-sich-selbst-Finden, die »Werte-Arbeit« ganz wichtige Themen sind, war mir das Bild vom »Monkey-Mind« – das wir im Deutschen vielleicht am besten mit Gedankenkarussell oder »die inneren Kritiker« übersetzen – nicht fern, und so fing ich an, mit den Affen zu spielen – und dazu möchte ich auch Sie einladen.

Sicher fragen Sie sich, was das mit den Affen auf sich hat, die schon im Titel zum Spielen geschickt werden. Dazu eine kleine Geschichte:

Eine langjährige Freundin, die Regisseurin Catharina Roland, begegnet in ihrem Film »Awake – Ein Reiseführer ins Erwachen« auch diesen Störenfrieden, die sich in unserem Kopf einnisten und mit ihren permanenten Zwischenrufen unsere Ideen und Gedanken stören. Die Erzählerin im Film, die sich auf die Suche nach dem eigenen Weg macht, lässt uns wissen:

»Mein innerer Friede hielt leider nicht sehr lange an. Gedanken strömten wieder auf mich ein, all die Zweifel, die Erinnerungen, das ganze Karussell.«

Dieses uns allen wohlbekannte Phänomen, dass wir uns im ständigen Kopfdialog immer wieder verlieren, bleibt Thema und wird im Verlauf des Films sehr nett mit dem Bild der Affensippe verknüpft:

»In Gedanken beziehen die meisten alles auf die Vergangenheit oder blicken in die Zukunft. Alles, was sie im Jetzt tun, ist eine Mischung aus vergangenen Geschehnissen und was sie in der Zukunft erschaffen wollen. [...] Gedanken führen nicht zum Frieden. Gedanken führen zu noch mehr Gedanken. Sie bringen ihre Cousins und deren Kinder, und ehe man sichs versieht, ist die ganze Sippe da, um die man sich kümmern muss. [...]«

Für das endlose Gequassel in unseren Köpfen gibt es einen Ausdruck: »Monkey-Mind«. Das sind die Affen, die dieses Buch mitbegleiten.

Es ist erstaunlich, nahezu unglaublich, aber laut Forschung spricht jeder Mensch rund 400 Wörter pro Minute zu sich selbst. Wir beurteilen ständig die Umgebung, checken unsere Lage, bereiten uns auf die Begegnung mit einem Menschen vor – egal ob kurzfristig auf der Straße oder für einen später anstehenden Besuch –, kontrollieren unser Aussehen, stimmen unser Handeln ab, hinterfragen unsere Gefühle. Und meist sind diese Stimmen nicht wohlwollend und ermutigend, sondern kritisch und blockierend.

Oft bleibt uns nur ganz hart aufzustampfen und zu sagen: »Stopp! Jetzt reicht's!«

Eine Absolventin einer Ausbildung in unserem SinnZentrum hat mir dazu folgenden Text geschrieben:

Sehr verehrte Affen,
ich bitt euch, hört doch endlich auf zu gaffen
was und wie ich es tue, wird besser damit auch nicht
im Gegenteil, das kritische Geschwätz beraubt mich jeder
Sinne nur.
Weder weiß ich, von welchen Affenahnen ihr kommt,
noch seid ihr Freunde mir.
Ich hab euch nie gerufen und lange wusste ich auch nichts
von eurer Existenz.
Bis mir eines Tages völlig klar wurde, dass nicht ich, sondern
ihr die Bösen seid.
Zuhören und Schweigen ist nicht eure Stärke!
Eure Kritiksucht und Negativität ist einfach widerlich!
Lasset alle Menschentiere Brüder sein!
Ich sag Nein!
Ich geh jetzt schlafen,
dies ist oft die beste Lösung, euch zum Schweigen zu bringen.
Ach ja, da gibt es noch etwas, ich übe es täglich konsequent:
Es ist die Meditation,
da mach ich nix anderes, als euch zum Teufel zu schicken!
Viktoria

Ja, so kann man das machen. Und manchmal ist es nötig und auch zielführend.

Beim Nachdenken über unser menschliches Sein und was ich Ihnen mitgeben möchte, ist mir aber auch aufgefallen, dass wir die Affen vielleicht auch als unsere kleinen Helferlein einsetzen können. Es ist mir schon bewusst, die Kunstgeschichte und die

Allegorie bedienen sich der Affen, um Eitelkeit, Selbstsucht und Störenfriede darzustellen. Aber wenn wir diese uns doch ziemlich verwandten Tiere ansehen, müssen sie ja nicht nur Negatives ausdrücken: Ich meine, sie sind auch gewitzt, intuitiv, erfinderisch, flink, nicht nachtragend und neugierig. Im Einleitungszitat von Franz Kafka wird ja schon darauf hingewiesen, dass wir alle auch etwas von der Affennatur in uns tragen.

Jeff Brown spinnt das Bild des »Monkey-Mind« noch weiter und schenkt uns das Bild des »Monkey-Heart«, das in meinen Augen ein ebenso bekanntes Phänomen griffig macht. Und sobald wir ein Bild oder einen Begriff für etwas haben, können wir auch schon in die wohltuende Distanz dazu gehen:

Die wesentliche Ursache unseres Unglücklichseins sind nicht unsere Gedanken. Es sind unsere unverdauten Emotionen. Vergiss den ›Monkey-Mind‹. Aus dem Unglücklichsein auszusteigen ist kein Vorgang in unserem Gehirn – das wäre nur eine weitere unwirksame Notlösung –, es ist eine gefühlte Erfahrung. Die Herausforderung ist das »Monkey-Heart« – der Zustand des inneren Tumults und das Chaos, das von einem unklaren Herzen ausgeht. Überschwemmt mit ungelösten Gefühlen und unausgesprochenen Wahrheiten, springt das Affenherz von Baumkrone zu Baumkrone, emotionsgeladen, ohne Erdung, herumwirbelnd in seiner Verwirrung. Oft missverstanden als »Monkey-Mind«, manifestiert sich das »Monkey-Heart« in unruhigen, sich wiederholenden Gedankenschleifen. Um es zu beruhigen und zu klären, könnte man von Heartfulness-Übungen (im Gegensatz zu Mindfulness-Übungen oft als Achtsamkeitstraining übersetzt – Anm. d. Autors) profitieren: emotionales Loslassen, Panzer-Brechern, Tiefen-Aufladung, Herz-Öffner.

Wenn du deine Gedanken verändern möchtest, heile dein Herz.
Das ist die beste Meditation überhaupt.
Jeff Brown (übersetzt von Chr. Schlick)

Unser Herz heilen! Damit kommen wir meinem Anliegen in diesem Buch auf die Spur. Wie kann das gelingen? Wie entdecken wir die Kräfte in uns, die uns heil und ganz machen? Wie legen wir all unsre übernommenen Glaubenssätze, unsere verkehrten Traditionen, unsere einschränkenden Gewohnheiten ab? Wo liegen unsere Möglichkeiten, unsere Ziele, unser Potenzial – ja, um es mit einem meiner Lehrer, Viktor Frankl, zu sagen: Was ist unser Wofür?

Unser Leben wird definiert von unseren Entscheidungen. Und sie sind es, die unser Leben zu unserem Leben machen. Ich selbst hatte vor langer Zeit einige tiefgreifende und hochemotionale Entscheidungen zu treffen. Eine davon war, nach 20 Jahren mein Leben im Kloster aufgeben, um ein neues zu beginnen. Ich will hier gar nicht eingehen auf die Beweggründe oder die Umstände, vielmehr will ich die Brücke schlagen zu dem Thema, das dieses Buch im Titel trägt: Potenzial.

Ich sah in der Veränderung natürlich auch die Potenziale, ich sah in der Neuorientierung Kräfte, die mich bewegten, mich orientierten und führten. Ich folgte letztlich einer inneren Stimme, die mich anstieß und sagte: »Tu es!« Und so machte ich den Schritt auf die Brücke, die mich aus der geschützten Welt des Klosters in die Realität der Weltlichkeit führte.

Der Entscheidung ging natürlich eine Zeit des Wachsens, des Wartens, des Offenseins voraus. Dieser immer wiederkehrende Impuls brachte mich in Bewegung und schärfte meine Aufmerksamkeit hinsichtlich all des Neuen, das sich offenbarte. Nach einem anfänglichen »Vielleicht könnte ich ja …« übernahm ein klarer, freundlicher Imperativ das Kommando: »Tu es! Lebe es!«

Mein Geist trägt mein Potenzial

Doch woher kommt so ein Impuls? Ist es Einbildung? Ist es Angst? Ist es Neugier? Ich formuliere hier: Es ist die Stimme meines gesunden inneren Kerns: Manche nennen es Seele, manche Atem, manche Prana oder Chi … Halten Sie es, wie Sie möchten, es geht nicht um den Begriff an sich. Ich nenne es in diesem Buch GEIST. Geist, mein personaler Kern, meine Geistige Person, ist der Träger oder die Trägerin meines Potenzials.

Mir geht es beim Bild vom Potenzial aber um mehr als das lateinische potentia, das mit Stärke oder Macht übersetzt wird. Es geht mir um unser Potenzial als die Fähigkeit zur Entwicklung. Potenziale sind noch nicht ausgeschöpfte Möglichkeiten, die in uns stecken – schlummernd, ruhig und meist unbekannt oder gar unbeachtet.

Was mich als Theologe, Logotherapeut und Existenzanalytiker natürlich leitet und immer wieder neu inspiriert, wenn es um das große Thema Potenzial geht, das sind die verschiedenen Dimensionen unseres Geistes. Denn es ist vor allem die Kraft des Geistes, die unsere Verbindung zu unserem ganz eigenen Potenzial herstellt.

In der Natur tritt uns der unendliche Geist
als rätselhafte schöpferische Kraft entgegen.
In unserem Willen zum Leben
erlebt er sich in uns als welt- und lebensbejahendes
und als ethisches Wollen.
Albert Schweitzer

Vielleicht sollte ich Sie genau jetzt bitten, einfach einmal tief auszuatmen, wie in einem Workshop, in dem wir uns auf die Suche nach dem Potenzial machen. Atmen Sie auch innerlich aus. Entschleunigen Sie, gehen Sie runter vom Gas, werden Sie ruhiger und lassen Sie ein bisschen los. Versuchen Sie, wenn Sie dann wieder einatmen, ganz bei sich zu bleiben und dorthin zu spüren, wohin der Gedanke an Ihr Potenzial Sie führt. Spüren Sie hin zu Ihrem Ruhepunkt, Ihrer Quelle, Ihrer Mitte. Dort erwartet Sie Ihr erstes und Ihr unglaublichstes Potenzial, das Sie haben: Ihr Leben. Ihr Lebendigsein – im Hier und Jetzt.

Dieses Leben lebt und hat seinen Ursprung in der Liebe. Die Liebe ist die Kraft – und das ist nur ein Hilfsbegriff –, aus der sich unser ganz persönlicher individueller Geist formt.

Erspüren können wir diese Größe in unserem Atmen: Im Loslassen und im Annehmen.

Im Atmen spüren wir unseren Geist

Jeder von uns kommt auf die Welt und muss lernen, einzuatmen und sich dann mit einem Schrei quasi ins Leben hinauszuatmen. Sie müssen natürlich jetzt nicht schreien. Es reicht schon, intensiv Ihrem Atem zu folgen und damit auch das Anliegen dieses Buches anzunehmen: Schicken Sie Ihr Fühlen und Ihre Gedanken auf die Reise zu Ihren Möglichkeiten, Chancen und Wünschen. Richten Sie sich in Ihrem Erleben auf Ihr innewohnendes Potenzial aus, und dann nichts wie hinaus ins Leben.

Machen Sie es nicht so wie jene, über die ich einmal einen Vortragenden sagen hörte: »Ich habe den Eindruck, manche Menschen atmen Montagfrüh tief ein und erst Freitagabend wieder aus. Dazwischen liegen nur Spannung, Anspannung und Angst.« Das ist alles andere als die Entdeckung, die Freisetzung oder das Spiel mit unseren Potenzialen. Das ist vor allem alles andere als der Blick auf die Dimensionen des Geistes, die uns in so vielerlei Hinsicht ermächtigen.

Schaffen Sie Freiräume für Ihr Potenzial, für Ihren Sinn des Lebens, für Ihre Lebendigkeit und Ihren Ausdruck. Keine Angst, das ist nichts Schlimmes, und auch wenn Sie Ihres schon gefunden haben, lesen Sie gelassen weiter. Ich will Ihnen nur Mut machen, sich immer weiter in neue Tiefen des Lebens hineinzuwagen. Unsere inneren Kräfte sind fähig, mentale Denkkorsette zu sprengen, und sie helfen uns, verborgene Potenziale zu heben und sie wirksam zu machen. So gelingt es, zu unserer Stärke vorzudringen und zu dem Menschen zu werden, der wir wirklich sind.

Unsere verborgenen Potenziale brauchen eine Chance und dürfen nicht von den »inneren Affen« gestört oder ausgelacht und klein gehalten werden. Ein Bekannter, der ebenfalls ein Fortbildungsinstitut leitet, sagt manchmal, wenn ihm ein Problem angetragen wird: »Ich brauch mir doch nicht jeden Affen, der mir auf den Tisch gesetzt wird, auch auf den Schoß zu nehmen.« Ich fürchte, wir haben oft nicht nur das gemacht, sondern uns diese Affen tief in unseren Monkey-Mind, in unsere Gedankenkreisel genommen und brauchen nun ein wenig Aufwand, um wieder Herr über sie zu werden. Das sind dann Affen, die alles daransetzen, mit Geschrei und Getobe das zu überdecken, was sich an neuer Kreativität und Lebensfreude in uns regt und wachsen will. Deshalb werden diese Affen »zum Spielen« geschickt, bis der Enfaltungsprozess so richtig in Gang ist.

Aber, die Affen haben natürlich auch ihr Gutes. Dann nämlich, wenn sie mit Intelligenz, Mut, Neugier und Spieltrieb Situationen verbessern wollen, wenn sie entdecken und sich neu orientieren. Sie werden in diesem Buch auch die positiven Eigenschaften erkennen, die Ihnen die Affen zeigen. Dann, ja dann sollten Sie sich einfach anschließen und auch mitspielen. Denn der Geist ist kreativ und gibt Ihnen einen kleinen Schubs mit einem anfeuernden »Es geht ja!«.

Mit den Affen den Geist sichtbar machen

Der Geist ist der Trainer unseres Potenzials, ein Mentor unseres Selbst, ein Förderer, vielleicht der einzige wahre Vertraute in unserem Leben. In diesem Buch will ich Ihnen acht Aspekte der geistigen Dimension nahebringen, mit Übungen erspürbar machen und anhand der Affen versinnbildlichen.

Weil wir unterschiedlich sind und jeder von uns andere Zugänge zu einem Thema nimmt und braucht – und weil ich diese Tatsache so spannend finde an unserem Leben –, möchte ich Ihnen in diesem Buch auch ganz unterschiedliche Zugänge anbieten. Dabei schöpfe ich aus meiner akademischen Auseinandersetzung mit dem Thema, der Zeit meiner intensiv gelebten Spiritualität, der theoretischen, aber vor allem der praktischen Auseinandersetzung mit der Logotherapie in meinen Kursen, mit meinen KlientInnen und nicht zuletzt aus meiner eigenen Lebenserfahrung. Sie finden deshalb jeweils längere Einleitungstexte, mit eher lyrischen Anfängen, die einen Kern des jeweiligen Kapitels treffen, Fallbeispiele, in denen ich die gesundende, tiefe lebensnahe und ganz individuelle Wirkweise des Geistes veranschaulichen möchte. Sie finden je eine Zusammenfassung in »Meine These ganz kompakt«, und die Affen sollen Ihnen anschaulich und spielerisch den Weg hin zu konkreten Impulsen leiten.

Ich freue mich, wenn Sie sich nun auf den Weg machen durch dieses Buch, wenn Sie sich auf die Suche begeben zu Ihren Wünschen, wenn Sie plötzlich entdecken, dass da etwas ist in Ihnen, schlummert oder schon anklopft, das raus an die Luft und die Sonne will, das genährt werden möchte, das leben will.

Sie werden fühlen, dass Potenzial nicht Macht ist, sondern »mächtig sein« bedeutet. Potenzial ist nicht einfach nur etwas zu können oder zu erreichen, abzuhaken und weiterzumachen. Potenzial aus unserem Geist, wie ich es verstehe, ist mehr, viel mehr, nämlich Kraft, Dynamik, Sehnsucht, Lebenswille, ja sogar und über allem Liebe.

Dein Feuer erlischt nie!
Solange du lebst, brennt das Feuer in dir
und solange das Feuer brennt, lebst du.
nach Augustinus

Es ist Zeit, sich auf den Weg zu machen. Ich wünsche Ihnen viel Inspiration beim Lesen und Leben.

Herzlich
Ihr Christoph Schlick

Meine Impulse

1. Mir selbst Zeit schenken

   Nehmen Sie sich Zeit für sich! Einfach um Ihnen selbst etwas Gutes zu tun! Am stolzesten wäre ich, wenn Ihnen mein Buch als Einschlafhilfe nutzen könnte. Nicht weil's so langweilig ist (hoffentlich nicht), sondern weil Sie die Zeit für sich so entspannt, dass Ihr gutes Unbewusstes ohne Ihren klugen Kopf, ohne Ihre Affen, weiterwirken darf. Wie heißt es doch, wenn auch nicht ganz richtig übersetzt, in Psalm 127: Der Herr gibt es den Seinen im Schlaf ...

2. Lachen mit den Affen

   Nehmen Sie bitte nichts zu ernst. Nicht sich selbst und schon gar nicht mich. Für mich stehen die Affen für den Humor, als ganz positive Kraft unseres kreativen Geistes. Lachen Sie über sich, über das Leben, über das, was Sie stört, über das, was vielleicht gerade wirklich mühsam ist. Mit einem Lächeln – zumindest innerlich, wenn's »draußen« schon nicht geht – lebt es sich einfach leichter.

3. Das ist Ihr Buch – machen Sie es dazu

Dieses Buch will ein Handbuch sein. Nichts Schweres. Lesen Sie einzelne Kapitel oder nur »Und die Affen?« oder nur »Meine These ganz kompakt« oder nur »Meine Tipps«. Und wenn Sie einen Impuls suchen, helfen vielleicht auch die Einleitungszitate ... Es ist ein Buch zum Spielen, zum Dranbleiben, zum Vertiefen. Und wenn Sie Fragen oder Anregungen haben, schreiben Sie mir: office@christophschlick.com

Die Glut, die in uns brennt

Potenzial ist Lebenskraft pur

Was Menschen groß und gesund macht, ist,
dass sie ihr Leben von ihren mystischen Erfahrungen
prägen lassen,
sie nicht vergessen oder verdrängen,
sondern sich nach ihnen ausrichten.
So entspringen z. B. aus dem Bewusstsein grenzenloser
Zugehörigkeit
ein Gemeinschaftsgefühl, das alle Menschen einschließt,
und die Bereitschaft, danach zu handeln.
Aus den überwältigenden Erfahrungen
des Wahren, Schönen und Guten entspringt
ein dankbares Wachsein für die Gaben,
die jeder Augenblick uns schenkt.
Und diese Haltung ist bei großen Menschen
andauernd und lebensprägend.
Br. David Steindl-Rast

So viele Wünsche häufen sich im Laufe unseres Lebens an. Und so
viele Mauern errichten wir, um uns scheinbar zu schützen. Das
sind oft Kunstwerke, die die Sicht auf die Wünsche und Möglichkeiten mit jedem Zentimeter Höhe immer mehr verbergen und
die uns im wahren Leben so einschränken. Genauso erstaunlich
ist es, dass wir mit zunehmender Mauerhöhe eine vermeintliche

»Gelassenheit« entwickeln, die besser bekannt ist unter dem Namen Resignation. Es scheint so, dass wir Menschen die Tendenz in uns haben, mit dem stetigen Ablauf der Zeit gleichzeitig eine steigende »Entschuldigungsfähigkeit« zu entwickeln. Sie »erlaubt« uns, Pläne nicht zu realisieren, Wünsche zu ignorieren und Träume zu töten. Das klingt dramatisch, und das ist es in meinen Augen auch.

Wir sitzen einem fatalen Irrtum auf, wenn wir glauben, dass mit dem Ablauf der Zeit auch eine Vergänglichkeit der Wünsche und Sehnsüchte einhergeht. Und mal ehrlich, haben Sie nicht auch bisweilen das Gefühl, dass immer wieder etwas aus der Vergangenheit hochkommt, das nie angepackt, angedacht, stattdessen eben verdrängt wurde?

An allen Ecken unserer Psyche und Physis spüren wir es, wenn wir gegen uns leben, wenn wir einen Wunsch wegfegen, wenn wir gar eine Liebe ignorieren. Und nicht einmal dann, wenn wir erkennen, erfühlen und erfahren, dass sich aus unserer Nichtbeachtung unserer ureigenen Wünsche, Ideen und Vorstellungen echte Schmerzen ergeben, sehen wir genau hin und stellen die Weichen neu. Nicht einmal dann, wenn uns die Luft wegbleibt, wenn das Herz schmerzt und wenn ein Gefühl der Leere und Trauer nach verlorenen Chancen den Alltag umgarnt und die Knoten immer enger zieht. Nicht einmal dann.

Mich bewegen diese Themen als Berater und Coach, gleichzeitig fordern sie mich und treiben mich an. Als achtsamen Menschen rütteln sie mich immer wieder auf und geben mir einen Anstoß für mich selbst und für meine Arbeit.

Ich will hier aber nicht den tief in mir wohnenden Sehnsüchten und ihrer Kraft nachgehen. Dem soll, da es mir so wichtig ist, einmal ein eigenes Buch gewidmet sein.

Kraftquellen

Was ich in und mit diesem Buch will, ist, Ihnen Zugänge aufzuzeigen, wie Sie zuerst einmal in sich Ihre ureigenen Möglichkeiten entdecken können. Wenn Sie Ihre eigene Kraft finden und nutzen, wird Ihnen Leichtigkeit geschenkt, Gelassenheit ermöglicht, Mut gezeigt und Freude erlebbar werden.

Ich will Ihnen die Kraft spürbar machen oder wieder freilegen helfen, die Ihr Leben begleitet und die in Ihnen wirkt, solange Sie auf der Erde sind: Ihr Potenzial und die unerschöpfliche Quelle, die sie speist – Ihre Geistige Person.

Es gibt viele Definitionen und Überlegungen zum Thema Potenzial und seinen Bedeutungen. Vom Sport angefangen, bis hin zu den Managementschulen, die aus dem Potenzial mit schöner Regelmäßigkeit neue Tools und Skills entwickeln. Oder Thinktanks der Wirtschaft und Politik, die aus Entwicklungspotenzialen schöpfen und aus Einsparungspotenzialen scheinbar Ergebnismaximierungen ziehen. Die hier eingeschlagene Richtung scheint klar: höher, weiter, schneller, schöner, besser ...

Aber trifft das unsere wirklichen Bedürfnisse? Stillen wir dadurch unsere tiefen Wünsche? Überfordern uns nicht vielmehr diese Potenziale, die uns angeboten werden, die andere in uns sehen, die uns medial und marketingmäßig suggeriert werden?

Solche Potenziale meine ich nicht, denn es geht mir nicht um irgendwelche Potenziale, sondern um Ihr Potenzial.

Wahre Authentizität besteht in der möglichst umfassenden Realisierung der eigenen Entwicklungsmöglichkeiten und Potenziale [...]. Was menschlichen Lebensformen meiner Überzeugung nach aber innewohnt, ist das Potenzial eines jeden, seine eigene, individuelle ›Stimme‹ zu finden.
Charles Taylor

Mich begleiten im Verständnis dessen, was ich hier unter Potenzial fassen möchte, immer wieder Bilder aus der Physik, die ich versuche, in unsere Erlebniswelt zu übersetzen:

Hans-Peter Dürr, der schon verstorbene Leiter des Max-Planck-Instituts für Physik und Träger des alternativen Nobelpreises, verwendet ein Bild eines Pendels – wie das bei einer alten Standuhr –, das er bis ganz nach oben dreht und quasi auf den Kopf stellt. In dem Moment, bevor es nach der einen oder anderen Seite hinunterfällt und zu pendeln beginnt, ist es in einem Zustand seiner größten Unsicherheit – es folgt ein schwungvoller Fall in die eine oder andere Richtung.

Wir empfinden einen solchen Moment als unangenehm und wollen so etwas in unserem Erleben unbedingt vermeiden. Als Physiker macht Hans-Peter Dürr uns aber darauf aufmerksam, dass dieser Moment jener von größter »Aufmerksamkeit«, ja Potenzialität ist. Das Pendel nimmt in diesem scheinbaren Unsicherheitsmoment alle auf es wirkenden Kräfte wahr, um dann in die Richtung der stärkeren »Anziehungskraft« zu fallen.

Dies ist natürlich keine freie Entscheidung, aber es ist doch ein Hinweis auf unsere Potenzialität: uns aus der scheinbaren Sicherheit des Gleichgewichts – Dürr sagt, ein Pendel, das in Ruhe hinunterhängt, ist eigentlich »tot« – herauszuheben, die Unsicherheit auszuhalten, eine Ahnung für die Größe unserer Möglichkeiten zu bekommen, in Beziehung zu dem, was um uns ist, zu gehen und uns dann zu entscheiden, wohin wir uns wenden. Ist das nicht cool? Und noch cooler wird es, wenn sich solche »Pendelkräfte« gegenseitig unterstützen – aber das führt hier zu weit.

Die Quantenphysik hat seit dem Anfang des zwanzigsten Jahrhunderts die Sicht auf die Welt völlig verändert. Die alten Paradigmen – von Newton bis Descartes und anderen – gelten weitgehend nicht mehr, auch wenn sie nach wie vor in unseren Schulbüchern stehen. Es ist, wie viele Physiker betonen, noch lange nicht alles erfasst, und die neue Erklärung der Welt ist ein Work in Progress und oft nur ein Erahnen.

Das, was mich fasziniert, soweit ich es erfassen kann, ist, dass uns die moderne Physik sagt, dass alles, wirklich alles, zusammenhängt, in Beziehung ist. Alles schöpft seine Kraft aus dieser – physikalischen – Beziehung, und nichts bleibt wirkungslos. Das ist für mich ein Bild von Potenz! Wir erschließen das, was sichtbar wird, was Wirkung hat, was Wirklichkeit wird, nur dadurch, dass wir aus der unendlichen Größe der »Energie« schöpfen. Und noch spannender ist: Die höchste Energie liegt für die moderne Physik im »Dazwischen«, im Nichtmateriellen, im Undefinierten. Dort, wo »Nichts« ist, ist die größte Energie, die höchste Potenzialität. Dort ist (fast) alles möglich. Und das ordnende Prinzip, das diese Potenzialität in die Realität führt, nennt Max Planck Geist:

Als Physiker, der sein ganzes Leben der nüchternen Wissenschaft, der Erforschung der Materie widmete, bin ich sicher von dem Verdacht frei, für einen Schwarmgeist gehalten zu werden. Und so sage ich nach meinen Erforschungen des Atoms dieses: Es gibt keine Materie an sich. Alle Materie entsteht und besteht nur durch eine Kraft, welche die Atomteilchen in Schwingung bringt und sie zum winzigsten Sonnensystem des Alls zusammenhält. Da es im ganzen Weltall aber weder eine intelligente Kraft noch eine ewige Kraft gibt – es ist der Menschheit nicht gelungen, das heißersehnte Perpetuum mobile zu erfinden –, so müssen wir hinter dieser Kraft einen bewussten intelligenten Geist annehmen. Dieser Geist ist der Urgrund aller Materie.

Viktor Frankl, der Mediziner und Psychologe, stellt uns einen Dreischritt vor, wenn er auf die Potenzialität des Geistes hinweist: Ausgehend von den Möglichkeiten unseres Lebens – das nennt er potentia – setzen wir Handlungen (actus). Diese Handlungen sind die jeweilige Aktualisierung oder Verwirklichung des Angebots des Lebens. Wenn wir Handlungen wiederholen, uns einüben – oder uns vielleicht auch manchmal verrennen – entstehen Haltungen (habitus). Einen Habitus können wir nur verändern, wenn wir uns wieder auf unsere potentia zurückbesinnen, neue Möglichkeiten erkennen und neue Handlungen setzen.

Mit meinem Potenzial in Verbindung zu kommen ist für mich ähnlich wie mystische Erfahrungen, von denen Br. David im Einleitungstext schreibt. Einmal damit in Berührung gekommen, erschließen sich die schier unendlichen Weiten des Geistes. Fördernd und fordernd zugleich – aber nie überfordernd.

Ich freue mich, wenn Sie aus diesem Kapitel den folgenden Gedanken ganz bewusst mitnehmen: Potenzial ist unser bester Freund und zugleich unser größter Herausforderer. Zwar zeigt es uns auf, dass wir unsere Komfortzone verlassen müssen, um zu uns selbst zu finden oder unser wahres Potenzial zu leben, was an sich schon sehr unangenehm sein kann. Aber, und das ist die schöne zweite Seite der Medaille, wir sind dabei nicht allein. Unser Potenzial hat eine Nährquelle, einen ständig präsenten Impulsgeber, einen wohlwollenden Begleiter und kommt daher mit einem stets liebenden Blick – unseren Geist. Von dieser Quelle und ihrer Unerschöpflichkeit bin ich zutiefst überzeugt.

Ich wünsche Ihnen, dass auch Sie mit den weiteren Betrachtungen in diesem Buch den Zugang zu Ihrem Potenzial, zu Ihrem Geist, zu Ihrer inneren Stimme finden und dass Sie mit ihr so in Dialog treten können, wie es für Sie persönlich am fruchtbarsten und hoffentlich auch unterhaltsamsten ist.

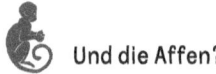 **Und die Affen?**

Ja, die sollen uns ab hier immer wieder begleiten. Unsere Monkeys im Mind und die Monkeys im Heart dürfen da sein. Aber sie sollen wissen, dass wir ihre Chefs und Dompteure sind. Sie dürfen uns unterhalten, neugierig machen und manchmal auch nerven. Aber wenn's zu viel wird, dann heißt es: Stopp! Wir lassen uns unsere Fähigkeiten, unsere Kräfte, unsere Potenziale nicht von ihnen stören. Zumindest ab heute nicht mehr!

Meine Impulse

1. Der Weite nachspüren

   Vielleicht erinnern Sie sich an Ihre letzte Bergwanderung, an eine Aussichtswarte, an eine Klippe am Meer. Schließen Sie mal die Augen und spüren Sie der Weite nach. Der Weite Ihres Blicks, der Weite des Denkens, der Weite Ihrer Gefühle. Es steckt so ungeheures Potenzial in Ihnen. Ein »Land« der fast unbegrenzten Möglichkeiten. Sie dürfen immer wieder dorthin gehen, um sich zu stärken, aufzutanken, Mut zu holen.

   Wenn die Affen der Angst und des Zweifels an Ihnen zupfen, verscheuchen Sie sie. Jetzt geht es mal um die Weite, um die Größe, um die Möglichkeiten. Alles andere darf danach kommen ...

2. Schalten Sie Ihre innere Ampel auf Grün!

   Jetzt darf es losgehen. Alles, was bisher ein rotes Stopp hatte oder bei dem die gelben Achtung-Lichter blinkten, darf mal zur Seite. Schauen Sie nicht mehr nur durch den Rückspiegel auf Ihr Leben, sondern wirklich konsequent nach vorn. So viel wartet auf Sie ...

Aber bitte langsam. Es ist kein Start zu einem Hochgeschwindigkeitsrennen. Nur vorsichtig und aufmerksam erkennen Sie die vielen schönen kleinen Facetten. Die Blümchen am Wegrand, die Wolken am Himmel, die Menschen, die winken, und auch die Gelegenheiten, die schon lange auf Sie warten. Wie sieht denn die erste Wegstrecke aus? Freuen Sie sich schon?

3. Planen Sie Momente für sich ein!

Wir vergessen so leicht uns selbst. Alles steht in unseren Kalendern. Viel Wichtiges, aber auch so viel Unnötiges. Misten Sie aus! Und nehmen Sie sich ganz bewusst Zeit für sich.

Eine Studie sagt, dass eine Minute Pause pro Arbeitsstunde eine ganz tolle Burn-out-Prophylaxe wäre. Ja, dem stimme ich zu. Aber was dann tun? Das müssen wir immer wieder üben!

Mein Rezept ist der Blick in die Natur oder auf eine Pflanze. Und wenn es das in meiner Umgebung gerade nicht gibt, dann schließe ich die Augen und hole mir meine Lieblingsblumen vor mein inneres Auge. Natur lebt einen ganz eigenen und ruhigen Rhythmus. Den können wir kaum stören. Aber wenn wir uns ihm anpassen, gibt er uns umgehend Ruhe und Kraft.

Wie oben erwähnt sagt doch eine tibetische Weisheit: Eine wachsende Blume oder gar ein wachsender Wald macht keinen Lärm und hat doch so viel Energie.

Dein Feuer erlischt nie

Geist: Sehnsucht und Erfüllung

Geist, in seiner menschlichen Kundgebung,
ist Antwort des Menschen an sein Du.
Der Mensch redet in vielen Zungen,
Zungen der Sprache, der Kunst, der Handlung,
aber der Geist ist einer,
Antwort an das aus dem Geheimnis erscheinende,
aus dem Geheimnis ansprechende Du.
Geist ist Wort.
Martin Buber

Ja, ich zweifle nicht,
es ist ein Kern,
ein edler in mir,
der wurzelt und der mich selber wiedergibt.
Du hast diesen Kern in mir gebildet; Mut!
Umsichtige Heiterkeit sind seine ersten Blüten gewesen,
und jeden Tag will er mehr Blüten treiben
wie der Baum inmitten wohltätiger Natur!
Alles Schicksal nehm ich hin wie Wind und Wetter,
und kann's tragen, denn du hast mich gesund
gemacht.
Bettina von Arnim

Die Berater- und Ratgeberbranche boomt. Das freut mich sehr, wirklich! Nicht aber, weil ich etwa selbst in diesem Bereich arbeite und ein Buch schreibe, das Sie unterstützen will. Nein, es freut mich deshalb so sehr, weil ich davon überzeugt bin, dass sich die Suche nach den tiefen Wünschen und Sehnsüchten immer lohnt. Allerdings wünsche ich mir gleichzeitig, dass mein Buch Sie davon überzeugt, dass Sie alles in sich tragen und »nur« in sich hineinzuhorchen brauchen.

Unsere geistige Dimension ist Quelle, Kompass, Begleiter und liebender Freund. Mein Buch soll Ihnen Vertrauen auf diesem Weg mitgeben und Ihnen erprobte Möglichkeiten aufzeigen, wie Sie Herr über Ihre Affenbande werden können – damit sie diese einladen oder spielen schicken können, wie Sie es brauchen.

Was ich mit der geistigen Dimension meine, versuche ich zunächst aus ganzheitlicher Perspektive zu erklären. Das ist nicht leicht, aber ich wage den Versuch, etwas sehr Großes und Komplexes in einfache, nachvollziehbare Worte, Bilder und Beispiele zu formen.

In den darauf folgenden acht Aspekten zum Geist wird dieses Ganze in seinen Teilen, aus verschiedenen Blickwinkeln und Erfahrungen für Sie lebendig und erfahrbar werden – das darf ich Ihnen schon jetzt versprechen.

Der Geist kann aus psychologischer Sicht wohl sehr treffend folgendermaßen definiert werden: »Geist ist die eher dem Gefühl als dem Verstand erkennbare, erfahrbare, erlebbare Urkraft des Lebens.«

Das Wort Geist hat seine Wurzeln in dem indogermanischen Wort »gheis«, das zwei Bedeutungswelten eröffnet. Erstens ein Erschaudern vor der Größe. Zweitens eine Aufregung, die bewegt, in Dynamik versetzt, die uns leben lässt.

Geist, wie ich ihn verstehe, in seiner unermesslichen Größe, ist und bleibt universell, unfassbar, manchmal jedoch erahnbar und sogar fühlbar. In der Form, wie wir Geist in uns, in unserer Persönlichkeit entdecken dürfen, ist er sehr persönlich, einmalig, einzigartig. Geist ist nach Frankl – in seinen zehn Thesen zur Person – Individuum, unteilbar und insummabile, nicht auflösbar in etwas Größeres (Gemeinschaft, Gesellschaft, Rasse ...). Geist, die geistige Person, ist jedes Mal ein absolutes Novum, etwas Neues. Dieser Geist macht jeden Menschen zum Einmaligen, Einzigartigen, Unersetzbaren, Unverwechselbaren und Unaustauschbaren.

Geist, menschlicher Geist, besteht nicht für sich selbst. Diesen Geist kann man erleben und erfassen.

Geist ist Einmaligkeit!

Geist will mit mir in diesem Leben Erfahrungen machen. Ist das nicht wunderbar? Der Geist ist keine Größe, zu der ich mir mühsam Zugang verschaffen muss oder wofür ich gar auf Mittler angewiesen bin. Nein, meine geistige Dimension ist Teil von mir und sie ist auf mich angewiesen – sie braucht mich, um lebendig zu werden. Das heißt, jeder Versuch, mich mit dieser Kraft zu verbinden, wird belohnt und ist gut – egal wie schwer oder bruchstückhaft oder kurz er zunächst sein mag. Im Tun wirkt der Geist. Jedes Mal, wenn ich versuche, mich zu verbinden, mich einzulassen, gebe ich ihm und mir eine Chance. Jeder Versuch ist wertvoll, auch wenn es sich nicht gleich so anfühlt.

Thomas von Aquin (1225–1274) sagt: »Geist ist nicht Körper, sondern verwirklicht Körper!« Geist ist das Prinzip des Lebens – principium vitae.

Es ist Frankls großes Anliegen, den Geist in seiner Anthropologie als selbstständige Dimension (Geist-Person) zu definieren, ihn aber nur zusammen mit dem Psychophysikum zu sehen.

Mit einem Buch über den Geist möchte ich Ihnen eine ganz

gegenläufige Bewegung zur Selbstverbesserung und Optimierung anbieten. Es geht nicht um besser oder optimal, es geht um Sie!

Unsere alten Gefüge, die uns Stütze, Mut, Korrektiv und Orientierung waren, wie Familie, Kirche, Vereine, Freundschaften, die sind zum Großteil zerbrochen und wir suchen neuen Halt. So brauchen wir offenbar immer mehr Berater, immer mehr Experten – im Privaten, in Ausbildungen, im Beruf, in der Medizin, in der Politik. Wir brauchen sie vermeintlich, um uns – trotzdem oft mit einem noch immer mulmigen Bauchgefühl – entscheiden zu können: wie wir erziehen, wie wir uns ernähren sollen, ja wie wir lieben sollen. Bis dahin, dass sich die Politik durch Ethikkommissionen in schwierigen moralischen Entscheidungen aus der Verantwortung nimmt und sich auch dort professionalisieren lässt.

Es gibt in allen Bereichen, auch im Pädagogischen, Ehrenamtlichen, Politischen, kaum mehr Bereiche, in denen man einfach mit gutem Haus- und Menschenverstand arbeiten kann, weil es überall Zusatzausbildungen gibt. Und dadurch entsteht eine große Verunsicherung – na, wenn es eh überall ExpertInnen und Expertenmeinungen gibt, was fange ich dann mit meinem »Bauchgefühl«, mit meinen Intuitionen an!?

Der Begriff der »Intuition« wird wiederentdeckt, der bei allen Kompetenzdebatten das nicht standardisierbare und objektivierbare Wissen oder Gewissheiten in uns meint. Hier ist aber kein spontanes Bauchgefühl gemeint. Diese Form von Intuition bildet sich heraus, aus Erfahrung und aus Wissen. Ja es gibt seit Jahren in Berlin sogar an einem Max-Planck-Institut einen Bereich zur Intuitionsforschung, der in diesem Sinne tolle Arbeit leistet.

Den Gedanken und die Erfahrung von Geist und der Geistigen Person empfinde ich aber gerade als so heilsam, weil ich in mir und ohne Zutun von außen Zugang dazu habe, ohne aber dass es etwas Isolierendes, Trennendes hat – ganz im Gegenteil. Zwar kann ich mir helfen lassen, mich inspirieren lassen, mich in (neuen) Erfahrungen versichern, aber es bin immer ICH, der den Geist lebendig werden lässt. Geist sprengt in der Erfahrung das Gefühl des Isoliertseins und erweckt ein Gefühl der Verbundenheit (Beziehungsstreben) und des Aufgehobenseins (Urvertrauens).

Geist ist zeitlos

Geist verbindet mich mit anderen, mit der Vergangenheit, der Zukunft, mit dem, was mich übersteigt, aber auch mit dem, was mich im Kern ausmacht – gerade weil ich ICH bin, durch mein Sein, durch mein Tun wird er lebendig. Und ist in all dem keiner Mode, keinem Zeit-Geist unterworfen, keinem Stress des Immer-Größer, Immer-Schneller, Immer-Mehr ausgeliefert.

Geist hat ein Sein, ein ewiges Sein, ein ewiges Da-Sein.

Nicht zuletzt seit Charles Darwin ist die Idee des Geistes verflacht worden. Der Geist wurde als »ein Produkt biologischer Vorgänge« dargestellt. Wir dürfen heute lernen, diesen Geist neu zu entdecken. In seiner Existenzphilosophie beschreibt Karl Jaspers »Geist ist das Umgreifende« und rückt damit die Verbindung des Geistes mit unseren Möglichkeiten an zentrale Stelle: Geist verbindet das Greifbare mit der Welt der Ideen und Möglichkeiten. Geist ist die Kraft, die Wirklichkeiten schafft, Realitäten entstehen lässt, Möglichkeiten ins Sein bringt.

Geist ist immer gesund

Vielleicht ist dies die provokativste These Viktor Frankls: Das, was er als Geistige Person bezeichnet, kann zwar verschüttet oder blockiert sein, doch das Wesen dieses Geistes ist ein unverletzbares, heiles, immer gesundes. Vielleicht ist es nur der Begriff, an den wir uns gewöhnen müssen. Mir ist auch gar nicht wichtig, wie Sie diesen heilen Personskern nennen. Aber damit wir hier in diesen

Seiten eine gemeinsame Sprache finden, verweise ich darauf, dass es nicht um sprachliche Definition geht, sondern um die Unterscheidung. Ich unterscheide zwischen der körperlichen Dimension (Soma oder Physis) des Menschen, die erkranken kann, der Psyche (Triebe, Gefühle, Wahrnehmung, Denken u. a.), wo wir Störungen (zum Beispiel übermäßige Ängste) benennen können, und der Geistigen Person als »Träger« meines Wesens, meines Selbst, meines Höheren Ichs, die niemals erkrankt. Viktor Frankl im Zitat: »In Wahrheit gibt es nämlich gar keine ›Geistes‹-Krankheiten. Denn der ›Geist‹, die geistige Person selbst, kann überhaupt nicht krank werden, und auch noch hinter der Psychose ist sie da, wenn auch selbst dem Blick des Psychiaters kaum ›sichtbar‹.« (aus: *Der Wille zum Sinn*)

Geist ist ein Kompass

Ein Kompass, der sich und mich immer wieder ausrichtet, sobald ich die Hand, in der ich ihn halte, und meinen Blick ruhig werden lasse, mich umschaue und orientiere. Eine Orientierungshilfe in einer Zeit, die uns so oft überfordert, wo wir selbst so viele Ansprüche an uns stellen und manchmal schier nicht mehr wissen wohin, das tut so richtig gut. Wir können darauf vertrauen, in uns selbst ein Sinn-Organ (so nennt es Frankl einmal) zu haben, das uns immer wieder ausrichtet auf das, was wertvoll und gut für uns ist. Natürlich klappt das nicht immer gleich auf Anhieb. Wir müssen unseren Kompass schon kennen und den Umgang damit etwas üben, damit wir ihn schnell und zuverlässig einsetzen können, wenn wir Orientierung brauchen.

Geist ist und will Beziehung

Hier verweise ich auf Hartmut Rosa, der sinngemäß schreibt: Geist ist Resonanz. Er schlägt in seinen ganz aktuellen soziologischen

Visionen vor, dass wir gerade aus dem Gefühl und Leben von Resonanz einen Gegenpol zur Beschleunigung und Verkürzung setzen können. Ich möchte aber weiter gehen und habe dies in meinem Buch »Was meinem Leben echten Sinn gibt« mit dem Satz beschrieben: Sinnerfülltes Leben ist Leben in Beziehung.

Ich formuliere dieses Beziehungsstreben des Geistes in fünf Dimensionen der Lebens-Sinn-Beziehungen:

- der Beziehung zu mir selbst,
- mein Ich in der Beziehung zum Du,
- Ich im Bezug zu einer sinnerfüllenden Aufgabe,
- das Ich im sinnstiftenden Bezug zur Welt, zur Natur, zur Kultur
- und schlussendlich das Ich, mein Geist, in Beziehung zum großen Geist, zur Spiritualität, zu Gott. Genaueres beschreibe ich Ihnen dann in einem eigenen Kapitel.

Geist ist weiblich und männlich

Im Griechischen entdecken wir, dass es für den Begriff Geist zwei Wörter gibt, die sich dem Femininen und dem Maskulinen zuwenden. Einerseits finden wir dort »pneuma« (fem.), ein Wort, das eher in der Theologie verwendet wird. Zum anderen begegnen wir dem maskulinen »nous«, den wir von Platon bis zu Viktor Frankls Lehre kennen.

Schließlich wird für Geist im Altgriechischen auch das maskuline Wort »logos« verwendet, aus dem Frankl den Begriff der Logotherapie ableitet.

Auch im Lateinischen finden wir zwei Begriffe: »spiritus« (mask.) und »anima« (fem.). Im biblischen Hebräisch wird Geist mit »ruach« (Atem, Hauch, Sturm) beschrieben.

Mein persönliches »Credo« ist der unbedingte Glaube an die »Geistige Dimension«. Es gibt sie! Und sie wirkt!

Dabei ist Geist, wie ich ihn verstehe – darauf möchte ich immer wieder aufmerksam machen, um kein Missverständnis zu erzeugen –, nicht Verstand, Denken, Wahrnehmung, nicht Intellekt allein, nicht Interesse allein. Das alles sind lediglich psychische Kräfte und Funktionen. Es ist mir bewusst, dass unser Sprachgebrauch hier stark vermischt. Ich möchte Sie deshalb einladen, beim Lesen dieser Zeilen meiner Formulierung des Geistes zu folgen.

»Das Herz hat seine Gründe, die der Verstand nicht kennt.« Dieses Zitat von Blaise Pascal kann hier vielleicht als Ausgangsbild dienen, als das Herz dieser Betrachtungen. Denn es ist eine Weisheit des Herzens – sapientia cordis (Psalm 90, 12) –, wenn und dass wir über die Dimension des Geistes überhaupt nachdenken (können).

Damit wir Zugang dazu bekommen, brauchen wir ein wenig Übung mit unseren Affen – die dafür notwendigen Werkzeuge und Methoden des Dompteurs möchte ich Ihnen in den folgenden Kapiteln anbieten. Denn auch unser Monkey-Heart gehört befreit.

Geist ist immer mehr

Ich bin der tiefen Überzeugung, dass wir die Geistige Dimension immer weiter erschließen sollten. Viktor Frankl hat sie als Mediziner in den medizinisch-wissenschaftlichen Diskurs eingebracht. Das war revolutionär. Er hat sehr klar den »Reduktionismus« rein naturwissenschaftlichen Denkens und Forschens kritisiert und wurde dafür von manchen belächelt, ja angefeindet. Viele sind ihm dabei aber gefolgt und haben seine Ideen weiterentwickelt. Die Geistesgeschichte des zwanzigsten Jahrhunderts gibt immer wieder, wenn auch nicht immer auf Frankl Bezug nehmend, Zeugnis davon. Trotzdem bleibt die Gefahr des »Rückfalls« in den alleinigen Glauben an das Mess- und Abbildbare bestehen. Ich möchte damit keineswegs naturwissenschaftlichen Fortschritt ablehnen. Dazu bin ich der modernen Medizin sehr dankbar und geradezu zu vernarrt in die Erkenntnisse der aktuellen Physik und Chemie und ganz besonders der modernen Hirnforschung – nur nebenbei: Mathematik war seit Schulzeiten mein großes Hobby, für das ich leider keine Zeit mehr habe …

Ich bin mir sicher, dass die Sehnsucht nach Sinn, das Erleben von Liebe und das Gelingen von Beziehungen nur möglich werden, wenn wir es wagen, aus den Elfenbeintürmen der einzelnen Wissensbereiche herauszutreten und gemeinsam neue Gebäude zu errichten.

Wir dürfen dem Geist weit näher kommen, als wir bisher denken und wagen. Wir dürfen da noch einiges mehr erfahren, das unsere Lebensqualität weiter fördert. Dieses Entdecken wird nichts zerstören, es wird uns aber hinterfragen! Denn Geist will immer aufbauen, weiterentwickeln, in liebevoller Art zum Leben beitragen.

 ## Und die Affen?

Sie sind sowohl die positiven als auch die negativen Ankurbler. Sind immer da, lassen uns nicht in Ruhe, und wir müssen lernen, sie in ihre Schranken zu weisen bzw. ihre positiven Aspekte zu nutzen.

Manchmal müssen wir sie rausschicken, manchmal verbannen, manchmal von ihnen lernen, manchmal vielleicht sogar mitspielen …

Vielleicht sind sie sogar wichtige Katalysatoren. Sie machen uns durch ihr immer lauter und nerviger werdendes Gekreische und Springen darauf aufmerksam, dass etwas nicht stimmt. Wir dürfen und müssen dann die Führung übernehmen und wieder Klarheit und Ruhe hineinbringen. Sie erinnern uns – schmerzlich, nervig, beharrlich – zum Glück! – daran, dass unser momentaner Weg nicht stimmig ist.

Meine Impulse

1. Geist fühlen lernen

   Ich rate manchen KlientInnen zum Einstieg gern: Fühlen Sie mal hin. Ihr Geist, Ihr Selbst, Ihre größte Kraft, steht jetzt hinter Ihnen. Lassen Sie sich Zeit. Nicht denken, nur fühlen. Und wenn die Affen kommen und stören wollen: Einfach wegschicken ...

   Was strömt da auf Sie über? Was erfüllt Sie? Wenn es gut ist: Tanken Sie mal so richtig auf. Es braucht für den Anfang nicht mehr als ein einziges Gefühl zu sein: vielleicht Ruhe oder Wärme oder Geborgenheit oder ...

2. Ich bin ...

   Ein ähnlicher und doch anderer Zugang: Verbinden Sie sich mit dem immer gesunden Kern in Ihnen, mit Ihrem ICH. Spüren Sie hin, es wird etwas dauern, aber mit der Zeit werden Sie erahnen können, was da in Ihnen lebt. Nehmen Sie an, was da kommt. Lassen Sie sich ganz durchdringen. Jede Zelle, jeden Gedanken, jedes Gefühl. Alles darf die lebendige Kraft in Ihnen, Ihre Geistige Person, immer deutlicher kennenlernen und spüren!

   Vielleicht mögen Sie dem eingangs zitierten Spruch von Bettina von Arnim hier einmal nachspüren ...

3. Meine innere Welt

   Schließen Sie Ihre äußeren Augen und öffnen Sie die inneren. Erinnern Sie sich an einen schönen, unbeschwerten, glücklichen Moment »zurück«. Gehen Sie ganz dorthin, als ob Sie noch ganz dort wären. Ihr Erinnern und Ihr Erleben hat ihn gut abgespeichert. Sie können ihn abrufen.

Ein Sonnenaufgang, ein Gespräch, ein Musikstück ... Durchleben Sie diesen Moment wieder voll und ganz. Mit allen Facetten, Gerüchen, Gefühlen, einfach mit allem, was dazugehört hat, damit dieser Moment ein unvergesslicher wurde und sich genau DIESE Gefühle der Wärme und der Strahlkraft in Ihnen entfaltet hatten.

Ihr Geist will das Leben mit Ihnen erleben. Die schönen Momente - und wenn es nicht zu verhindern ist, auch die schwierigen. Nutzen Sie die Kraft der Erinnerung! Sie merken, was ich sagen will? Nicht nur draußen, auch in Ihrem »Innern« ist das Leben!

Carl Gustav Jung schreibt: »Wer nach außen schaut, träumt. Wer nach innen schaut, erwacht!«

Acht Potenziale unseres Geistes

Einleitung

Alles hat seine Stunde.
Für jedes Geschehen unter dem Himmel gibt es eine bestimmte
Zeit:
eine Zeit zum Gebären und eine Zeit zum Sterben,
eine Zeit zum Pflanzen und eine Zeit zum Abernten der Pflanzen,
eine Zeit zum Töten und eine Zeit zum Heilen,
eine Zeit zum Niederreißen und eine Zeit zum Bauen,
eine Zeit zum Weinen und eine Zeit zum Lachen,
eine Zeit für die Klage und eine Zeit für den Tanz;
eine Zeit zum Steinewerfen und eine Zeit zum Steinesammeln,
eine Zeit zum Umarmen und eine Zeit, die Umarmung zu lösen,
eine Zeit zum Suchen und eine Zeit zum Verlieren,
eine Zeit zum Behalten und eine Zeit zum Wegwerfen,
eine Zeit zum Zerreißen und eine Zeit zum Zusammennähen,
eine Zeit zum Schweigen und eine Zeit zum Reden,
eine Zeit zum Lieben und eine Zeit zum Hassen,
eine Zeit für den Krieg und eine Zeit für den Frieden.
Buch Kohelet, 3. Kapitel

Ich habe selbst einige Etappen hinter mich gebracht, bei deren Start
ich gar nicht recht wusste, wie ich anfangen sollte, geschweige denn,
wie der zweite Schritt aussehen könnte und wohin es mich führen
würde. Aber, ich habe ein inneres »Glaubensbekenntnis«: das un-

bedingte Vertrauen auf die Kraft, den Mut und die Kreativität der Geistigen Dimension in jedem von uns und damit auch in mir.

Deshalb betone ich immer wieder: Es gibt diese »Geistige Person! Und sie wirkt!«. Geist ist, wie ich ja schon weiter oben ausgeführt habe, nach meiner Überzeugung nicht das, was wir normalerweise damit bezeichnen: Wahrnehmung, Verstand, Denken oder Intellekt. Geist ist mehr!

Nach allen meinen persönlichen Betrachtungen, meiner Lebenserfahrung, den Erlebnissen in Seelsorge und Beratung, nach allen Erkenntnissen, Einsichten und aus einer tiefen Überzeugung heraus stelle ich zwei Aspekte des Geistes hier nochmals als »unumstößlich« und »verlässlich« hin:

GEIST IST! Er hat ein Sein.

und:

GEIST WILL! Er hat eine Wirkung.

Dieser Glaube, diese Überzeugung, diese Erfahrungen machen Mut. Und den will ich liebend gerne und voller »Be-Geist-erung« weitergeben.

Anfang und Ende: Die Acht

Es folgen nun acht Aspekte des Geistes. Geist als Ganzes ist natürlich immer mehr als seine Teile, aber aufgeteilt in acht Aspekte lässt er sich erlebbar machen. Die Acht ist übrigens ganz bewusst gewählt. Sie ist die Zahl der Vollendung, der Auferstehung des Lebens.

Sie ist, liegend gezeichnet, auch das Symbol der Unendlichkeit, der Verbindung, der Begegnung, des Loslassens und der Wiederkehr.

Es ließen sich noch mehr Aspekte beschreiben, doch soll die Acht hier für Anfang und Ende stehen.

Die ersten sieben Potenziale des Geistes »drehen« sich jeweils um ein Fallbeispiel – natürlich anonymisiert –, wie ich diese und viele andere fast täglich im SinnZentrum erleben und begleiten darf. Darum herum versuche ich Ihnen darzulegen, was die Aspekte des Geistes und ihr Potenzial für mich bedeuten. Eingebettet und begleitet ist dies jeweils durch Texte, die Impulse geben können, dazu ein Hinweis auf die Affen, eine kappe Zusammenfassung mit Verweisen auf den logotherapeutischen Hintergrund und ganz praktische Impulse für Sie.

Etwas anders sieht es beim achten Aspekt zur »Liebe« aus. Da alles, was wir über Erfahrungen von »Liebe« im beratenden Kontext beschreiben können, immer nur zu kurz fasst und platt daherkommt, habe ich im letzten Aspekt auf ein Fallbeispiel verzichtet und stattdessen einen mir sehr wertvollen Text dazugestellt. Mit einem Augenzwinkern wünsche ich Ihnen immer wieder die Ruhe zum Lesen, zum Hinspüren, zum Nachsinnen!

Lassen Sie sich durch Ihre Affen nicht allzu leicht ablenken! Wie treffend schreibt doch schon vor fast vierhundert Jahren Blaise Pascal:

Wenn ich es mitunter unternommen habe, die mannigfache Unruhe der Menschen zu betrachten, sowohl die Gefahren wie die Mühsale, denen sie sich, sei es bei Hofe oder im Krieg, aussetzen, woraus so viel Streit, Leidenschaften, kühne und oft böse Handlungen usw. entspringen, so habe ich oft gesagt, dass alles Unglück der Menschen einem entstammt, nämlich dass sie unfähig sind, in Ruhe allein in einem Zimmer bleiben zu können.

Trau dich

Geist ist anders

Ich suche nicht – ich finde.
Suchen, das ist Ausgehen von alten Beständen
und ein Finden-Wollen von bereits Bekanntem.

Finden, das ist das völlig Neue.
Alle Wege sind offen und was gefunden wird,
ist unbekannt.

Es ist ein Wagnis, ein heiliges Abenteuer:
Die Ungewissheit solcher Wagnisse können eigentlich
nur jene auf sich nehmen,
die im Ungeborgenen sich geborgen wissen,
die in der Ungewissheit,
in der Führerlosigkeit geführt werden,
die sich vom Ziel ziehen lassen
und nicht selbst das Ziel bestimmen.
Pablo Picasso

Wir alle kennen sie, die Handbremsen im Tun und Machen, die Stopp-Schilder im Kopf und die Stimmen in uns, die sich bisweilen vehement Gehör verschaffen, wenn sie uns darin erinnern wollen, was wir alles nicht können. Ein beherztes »Trau dich!« ist für viele oft in weiter Ferne.

Wir sind es gewohnt, unsere Sorgen und Probleme durch Gespräche, durch Analysen, durch Schreiben und durch das Suchen – das aktive Suchen – nach Lösungen zu beheben. Dabei gibt es eine Kraft, auf die wir einfach nur zurückgreifen müssen, die uns helfen will – immer! Die uns wohlgesinnt ist – jederzeit! Die uns nur zu gut kennt, weil sie aus uns selbst, mit all unserer Geschichte, all unseren Erlebnissen kommt.

Ich möchte hier also einen Weg vorschlagen, der anders ist.

Nicht Probleme wälzen, analysieren und Lösungen mühsam erarbeiten, sondern zurücklehnen, vertrauen, warten, hören und sich auf das Unerwartete einlassen.

Der Mut, das »Trau dich!«, das »Ver-Trau-en«, ist es doch, das wir brauchen, wenn wir zaudern, schwächeln. Es gilt Abstand zu nehmen von geliebten Plänen und Zielen, die wir uns manchmal sehr lange ersehnt und hart erarbeitet haben.

Natürlich braucht es für den ersten Schritt mehr als nur diese Zeilen. Natürlich braucht es ein Gefühl der Überzeugung, einen Willen zum Glauben. Und vor allem immer wieder ein möglichst klares »Wofür«. Ein Wofür in unserem Tun und auch in unserem Erleben. Wenn es uns klar wird, im Kleinen und im Großen, wofür wir den nächsten Schritt tun, dann beginnen wir uns immer schneller zu bewegen, ja in Freude zu laufen.

Von der Theologin und Schriftstellerin Susanne Krahe kommen Zeilen, die das, was ich meine, noch verdeutlichen: »… Er lässt sich nicht in Besitz nehmen, nur teilen. Er weht weder zu mir noch zu dir, weil er im Zwischen strömt. Ohne mich, ohne mein Zutun. Den Geist muss ich mir schenken lassen. Um ihn zu fassen, lasse ich ihn los …« Geist ist nicht definierbar, nicht planbar, Geist ist anders.

An der Schwelle zu einer Veränderung, zu neuen Zielen, neuen Beziehungen, neuen Taten und Projekten brauchen wir das Gefühl und den Mut, dass es gut gehen kann und wir uns darauf einlassen wollen und können. Wie aber komme ich zu diesem Gefühl für das Neue, Unbekannte und Überraschende? Ich muss vertrauend warten und mich überraschen lassen. Ich kann nicht erwarten. Erwarten kann ich nur etwas, das ich schon kenne oder das ich mir zumindest vorstellen kann. Das kann dann aber nichts Neues sein, denn ich kann etwas erdenken nur auf der Basis von Bekanntem, von etwas, das ich schon weiß und schon kenne.

TRAU DICH! Denn das, was ich als Geist bezeichne, ist anders. Er ist unerwartet, nicht berechenbar und eröffnet völlig überraschend dann Chancen und Perspektiven, wenn wir mit dem dicksten Kissen die Augen vor der Realität bedecken, wenn wir aus der Gewohnheit des Alltags heraus die leiseste Ahnung verlieren, was wir wirklich leben sollten und wollten. Und genau dort, und das ist mir äußerst wichtig, braucht Geist unsere Öffnung, unser Vertrauen, unsere Hinwendung. Auch wenn Geist selbst all das in uns bewirken kann, er braucht unsere Zustimmung, er will uns nicht zwingen.

Wir klagen so oft über verloren gegangene Möglichkeiten, über eingeschränkte Freiräume, über lähmende Perspektivlosigkeit. Und manchmal stimmt dies ja auch: Gesundheit schwindet, Arbeit und Beziehung können mühsam sein, scheinbare Sicherheiten zerbröseln. Und unsere Stimmung verfällt, der Blick wird zum Tunnelblick, die Perspektiven scheinen weg zu sein. Doch da kommt mein Appell: Es gibt IMMER noch eine andere, eine weitere, eine neue Position. Wir können uns rausnehmen aus all dem Schlamassel, wir können es neu bewerten und dabei neue Potenziale entdecken. Und unser Geist hilft uns dabei. Wie, das möchte ich hier und in den folgenden Kapiteln anschaulich und nachvollziehbar machen.

Ein Erneuerer, ein Macher, ein Verwirklicher

Er bringt uns einen Perspektivenwechsel, wenn wir im Begriff sind, Scheuklappen aufzusetzen und im Tunnelblick zu verharren. Er ist die Sehnsucht, die uns zu Neuem aufbrechen lässt. Er führt uns und unsere Wahrnehmung, er ist ein Navigationssystem, wenn wir den Weg aus den Zweifeln und aus dem Stillstand verloren haben. Der Geist ist viel größer als alles, was wir kennen. Der von uns vielfach beschworene »Blick von oben« auf dieses oder jenes Problem ist im Geist »serienmäßig eingebaut«.

In den weisen Berichten der alttestamentlichen Bibel werden zwei Bilder für diesen immer anderen Geist erzählt, die mich jedes Mal neu faszinieren:

Elija, dem leidenschaftlichen Kämpfer für die Sache des Herrn, reicht's, er hat genug (Erstes Buch der Könige, Kapitel 19). Er will nicht mehr. Er hat mit viel Kraft, ja Gewalt gekämpft, und jetzt ist er des Kampfes überdrüssig. Er will seinen Frieden, ja sogar sterben. Doch der »Geist« lässt ihn nicht so einfach los: Er stärkt ihn mit Nahrung, fordert ihn auf, wieder aufzustehen und weiterzugehen. Und dann begegnet er IHM. Aber ganz unerwartet: nicht gewaltig, nicht im Sturm, der alles wegfegen könnte, nicht im Erdbeben, das alles erschüttert, und auch nicht im Feuer, das alles verbrennt. Nein, der Geist begegnet ihm in einem »sanften, leisen Säuseln«.

Begegnung mit dem Neuen, dem Anderen erhoffen wir uns so oft als großen Krach, als Explosion, als Umsturz. Doch so wirkt Geist nicht. Er ist anders, sanft, einladend, tröstend, gewinnend. Wie ein kleines Kind dürfen wir nach dem Schrecken wieder blinzelnd die Augen öffnen und vertrauensvoll nach Neuem suchen.

Hiob ist die andere Gestalt, deren Begegnung mit dem Geist mich fasziniert. Er hat alles verloren, Vermögen, Kinder, Gesundheit, Freunde. Er hadert mit der Welt und mit Gott. Aber er lässt doch nicht los von seinem Gott. Er fordert eine Erklärung. Er will verstehen: Warum? Warum ich? Was habe ich falsch gemacht?

Wie gut kennen wir doch diese Fragen – auch schon bei viel kleineren Sorgen, als sie uns von diesem exemplarischen Menschen Hiob geschildert werden.

Über dreißig Kapitel ringt Hiob mit seinem Gott. Und Gott meldet sich nicht! Und als er sich meldet, erwartet uns eine Überraschung: Gott stellt nur Fragen. Fragen, die keine Antwort geben, aber den Blick weg von Hiobs Leid auf die Größe der Schöpfung wenden. Wir möchten sagen: Was für eine Frechheit! Denn Hiob – und wir als gespannte Leser – bekommt keine Antwort.

Aber Gott geht in Beziehung und eröffnet eine neue Perspektive.

Manchmal erinnert mich das an die zeitgleich entstandene philosophische Fragetechnik des Sokrates. Gott eröffnet, wie es Richard Rohr so trefflich beschreibt, eine radikal neue Sichtweise – einen Blick von oben, eine Neuorientierung –, die alle Antworten auf unsere einzelnen, begrenzten Fragen überflüssig macht, denn plötzlich haben wir eine ganz neue Perspektive auf unsere Situation und dürfen sie neu sehen und erleben und weitergestalten.

Wer glaubt, dass unser gesunder Kern, unser Geist mit einem lauten Knall aufschlägt und die Führung übernimmt, dem will ich sagen: Geist ist auch hier anders. Er erkennt unsere Situation, unsere Problem-Zone und bringt sich sehr individuell ins Spiel. Er kommt selten stürmisch oder aufdringlich, er ist aber auch nicht nur sanft und einfühlsam. Geist zeigt sich nicht einfach zerstörend, sondern aufbauend, nicht blind wütend, sondern vielmehr mit heiligem und heilendem »Zorn«. Geist nutzt den Überraschungseffekt in Reinkultur.

Vor Jahren wurde noch gelehrt, ein menschliches Gehirn sei so etwa im Alter von 20 Jahren »fertig«, alles, was danach komme, sei nur mehr ein »Abbauprozess«. Doch diese Sicht hat sich radikal geändert. Die Medizin spricht heute von Neuroplastizität. Immer wieder kann ein Gehirn neu lernen – wenn auch schwieriger –, aber es ist nie zu spät, neue Verbindungen zu knüpfen, neue Bahnen zu legen. Zum Beispiel nach einem Unfall oder einem Schlaganfall oder auch nur, wie Professor Hüther erzählt, wenn ich mich im Alter von achtzig Jahren neu verliebe und noch eine Sprache lernen möchte.

Ich möchte den Impuls der Neuroplastizität verwenden und daraus einen neuen Begriff von Lebens-Plastizität prägen: Wir können immer wieder unser Leben neu gestalten. Neue Potenziale erschließen. Neue Perspektiven eingehen. Wir sind – hoffentlich! – nie fertig, nie angekommen, nie zu starr in einer Situation festgefahren. Und dabei hilft uns, ja dazu drängt uns ganz sanft unser Geist!

Geist agiert unerwartet impulsgebend und weichenstellend, wenn wir vermeintlich richtungs- und orientierungslos sind. Wenn Hermann Hesse schreibt, dass jedem Anfang ein Zauber innewohnt, dann führt der Geist sehr gerne weiter aus, dass auch jedes Ende ein ganz neues Anfangen ermöglicht.

Diesen letzten Satz unterstreicht eine Geschichte, die vor Kurzem ein Schüler in meinem SinnZentrum erzählte.

Das kaputte Bein

Max M. (45 Jahre) ist ein Mann im Management, sehr kopflastig und in der Technik zu Hause. Er lebt in einer glücklichen Familie, mit einer reizenden Frau und zwei Kindern im Teenageralter. Beruflich erfolgreich ist er, ein wendiger, agiler, meist getriebener Mensch, der auf internationalem Parkett für den Konzern seinen Mann steht und stehen muss. Denn der Gegenwind wird härter – im Business heute ist das ja Alltagswetter. Das alles ist gewollt und geplant. Das

Gehalt stimmt, aber der Teil davon, den er Schmerzensgeld nennt, wird immer größer. Und dennoch, diese Karriere ist zentraler In- halt seines Lebens. Der berufliche Erfolg gibt ihm Sicherheit und die gewünschte gesellschaftliche Position.

Plötzlich ein schwerer Unfall, er verletzt sich in der ganzen großen Hektik seines Lebens das linke Bein. Durch eine Unachtsamkeit, durch einen kleinen Fehltritt, aber schwerwiegend. Der Schmerz ist die eine Sache, die lange Zeit der Rekonvaleszenz und des Ruhe- gebens eine ganz andere.

Plötzlich erlebt der so kontrollierte Mann, der alles im Griff zu ha- ben schien, die Flexibilität des Lebens, die Buntheit seines Daseins, die er im Job nie erkannt hatte. Alles verplant, verbaut, verborgen. Durch das Handicap mit seinem Bein, durch das Innehalten, das Warten auf Heilung und durch die Zeit, die er für sich gewinnt, wird er in vielerlei Hinsicht überrascht, manchmal sogar überwältigt. Die Buntheit seines Lebens offenbart sich ganz unerwartet neu in nahezu allen bisherigen »Nebenschauplätzen«, die er nicht sehen konnte oder wollte. In der Familie, in der Natur, in der Wahrneh- mung von Gerüchen und Geschmacksvielfalten. Er sieht und ent- deckt, er steht und lebt, er atmet und denkt. Und das alles neu.

Die Verletzung des Beins, die damit einhergehende Reduktion, die Konzentration auf Ruhe und Ruhegeben – das alles führte einen Mann auf neue Wege. Und es zeigte ihm mit mehr und mehr Nach- druck: Trau dich hinzusehen, trau dich abzuweichen vom Bisheri- gen, trau dich neue Ideen zu denken und – wie wir heute wissen – auch zu leben.

Mut ist eine Kraft des Geistes. Ich meine einen ganz sanften Mut. Einen Mut, der mir säuselnd ins Ohr flüstert: »Trau dich! Öffne deine Augen, schau um dich, es gibt noch viele andere neue Perspektiven. Dein Potenzial in diesem Leben ist noch lange nicht ausgereizt!«

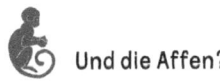 **Und die Affen?**

Auch wenn Affen neugierige Tiere sind, überall müssen sie nicht dabei sein. Die Affen, die ganze Affenherde muss mal weggeschickt werden, damit wir zur Ruhe kommen, damit sich die Größe des Geistes ausbreiten kann.

Geist ist so etwas Großes, Überdimensionales, dass wir es kaum fassen können, wenn wir ständig abgelenkt sind.

Zuerst mal weg mit dem Lärm der Affen, die uns immer sagen wollen, was wir zu tun und zu lassen haben. Weg mit dem Gebrüll des Tagesgeschäfts, das unsere Gedanken stört. Weg mit der Hektik, die manchmal doch einem Affentheater gleichkommt und in der wir alles andere sind als wir selbst.

Meine These GEIST IST ANDERS ganz kompakt

Die Andersartigkeit des Geistes und all dessen, was uns in der »Geistigen Person« begegnet, ist das immer wieder Überraschende und Erweiternde. Wir können Geist nicht einschränken, festlegen oder festmachen.

Geist ist anders, neuartig, eröffnend, erweiternd und Alternativen suchend. Richard Rohr weist uns in seinem Buch »Hiobs Botschaft« darauf hin, dass Gott der Ewig Andere ist, der Unerwartete.

Das können wir auch auf unseren Geist übertragen. Wenn du die Welt verändern willst, sagt ein buddhistisches Sprichwort, dann musst du sie mit anderen Augen betrachten, anders ansehen. Dann erkennst du das Neue, das Wesentliche.

Auch in den Anleitungen zum Umgang mit unseren inneren Bildern werden wir manchmal aufgefordert, uns hinter uns zu stellen und einmal mit neuen Augen auf eine Situation oder einen Menschen zu schauen. Mit anderen Augen, die immer noch »meine« Augen sind, aber die plötzlich eine andere Perspektive auf die Welt, auf das, was wir bisher gesehen und gedacht haben, eröffnen.

Die modere Neurophysiologie lehrt – und verwirft damit bisherige Annahmen –, dass unser Hirn als »Trägermechanismus unseres Geistes« nie »fertig« und ausgereift ist. Ständig kann es Neues eröffnen, neue Verknüpfungen schaffen und so neue Perspektiven ermöglichen.

Meine Impulse

1. Fünfzig Gründe, dankbar zu sein

   Setzen Sie sich mal für etwa 20 Minuten hin – oder gehen Sie eine Runde in der Natur – und schreiben Sie sich mindestens 50 (ja fünfzig!) große und kleine Dinge/Erlebnisse/Gefühle/ ... auf, für die Sie dankbar sind. Und wenn möglich setzen Sie diese Liste ein paar Tage lang fort. Immer wieder. Und jetzt das Besondere: Bevor Sie sich einer Problemlösung zuwenden, sobald Sie mit einer neuen Herausforderung konfrontiert werden, werfen Sie zuerst einen Blick in Ihre Dankbarkeitsliste! Sie werden sehen, wie sich Ihr Blick verändert!

   Und zur Vertiefung: Versuchen Sie mal, sich mit Ihrem Partner, einem Freund oder einer Freundin, über Ihre Dankbarkeits-Liste zu unterhalten. Sie werden überrascht sein, das Gespräch ist ganz anders als gewohnt ...

2. Meine Affenperspektive

   Sie könnten mal, wenn die lästigen Affen draußen sind und spielen, sich Ihren Lieblingsaffen einladen und sich gemeinsam Ihr Thema aus seiner Perspektive ansehen. Machen Sie die Augen zu und schauen Sie durch seine Augen. Vielleicht setzen Sie sich dazu sogar auf einen anderen Stuhl – oder wie ein Affe auf etwas ganz Ungewohntes. Was sieht er anders? Was interessiert ihn gar nicht? Was macht ihn neugierig? Vielleicht zeigt er Ihnen eine neue Facette, an die Sie noch gar nicht gedacht haben oder die Sie leider vergessen hatten …

3. Auftanken am eigenen Kraftplatz

   Gehen Sie zu Ihrem inneren Ort des Mutes. Stellen Sie sich auf diesen Kraftplatz und spüren Sie mal, wie Angst und Zweifel abfallen können und wie die Energie des Mutes aus dem Boden oder vom Himmel auf Sie einströmt.

   Sie können dies auch an Ihrem Schreibtisch oder auf dem Sofa zu Hause versuchen: Sich auftanken an der Quelle des Mutes in Ihnen. Es wird nicht plötzlich gehen, nicht im Feuer oder Sturm, sondern ganz zart. Wenn Sie es immer wieder versuchen, wird der Mut langsam sichtbar werden. Vielleicht schreiben Sie sich auch auf, was es für Sie bedeuten könnte, mutig zu sein. Und vielleicht mal anders als bisher aufzutreten … oder gar mal ein wenig keck oder vorlaut zu werden … Irgendwann wird der Mut sagen: Trau dich! Versuch's!

Schau mal ...

Geist ist aufmerksam

Die Aufmerksamkeit ist eine Anstrengung, vielleicht die größte von allen. (…)
Die Aufmerksamkeit besteht darin, das Denken auszusetzen, den Geist verfügbar, leer und für den Gegenstand offen zu halten …
Und vor allem soll der Geist leer sein, wartend, nichts suchend, aber bereit, den Gegenstand, der in ihn eingehen wird, in seiner nackten Wahrheit aufzunehmen.

Die Forderung nach dem absoluten Guten, die im innersten Herzen wohnt,
und die, wenn auch virtuelle Macht,
Aufmerksamkeit und Liebe über die Welt hinaus zu richten
und von dorther Gutes zu empfangen,
bilden zusammen ein Band,
das ausnahmslos jeden Menschen mit der anderen Wirklichkeit verknüpft. (…)
Nichts berechtigt uns je, von irgendeinem Menschen zu glauben,
dass diese Verknüpfung in ihm nicht vorhanden sei.
Simone Weil

Ach wie toll ist es doch, manchmal nur in die Luft zu schauen, ohne Ziel dahinzugehen, sich treiben zu lassen. All das gehört zum Menschsein wie Wasser und Luft. Wir brauchen dieses Abschalten vom Alltag und auch das Umschalten in ein Programm der Ruhe und Entspannung. In meiner Arbeit treffe ich aber immer wieder Menschen, die sich kaum trauen, sich einem Tagtraum und Co hinzugeben und damit eine Ruhezone zu schaffen. Es sind Menschen, die sich durch ständiges Tun regelrecht wegbeamen aus der Empfindung, aus dem Entdecken und Erleben. Sie kennen sicher diese Menschen auch. Sie tragen Handys vor den Augen, Kopfhörer über den Ohren, sie gehen ferngesteuert über den Smartphone-Bildschirm und telefonieren beim Einkaufen oder Spazierengehen, als wären sie im Büro. Menschen, die in Beziehung leben und beim Essen im Restaurant den Geschmack und die Optik der Speisen mit digitalen Freunden teilen. Ich will das nicht werten oder negativ beurteilen, jedoch glaube ich, dass wir zwischenmenschlich immer mehr verlieren und erlebnisärmer werden. Es sind ganz tolle Errungenschaften und Erscheinungen unserer technologisierten Welt, die uns unser Leben so viel spannender und reicher machen. Aber das immer tiefere Leben in einer virtuellen Welt vereinnahmt uns mit seiner Fülle und reißt uns in gewissem Maße aus der Aufmerksamkeit für das, was wirklich um und in uns geschieht.

Ich bin selbst jemand, der manchmal in all den »neuen« Ablenkungen aufgeht. Doch dann kann ich mir Kraft holen, zum Beispiel beim Anblick eines Baumes. Es begeistern mich seine Stärke, seine Höhe, seine Wurzeln, seine Äste, seine Blüten und die Früchte, die sprießenden und die fallenden Blätter …

Mein Geist führt mich oft hinaus in die Natur und lässt mich wieder achtsam werden. Er drängt mich in den Wald, hinein in die Gerüche der Wiesen und Berge, hinaus in die Luft, die mich wieder tief durchatmen lässt und mir so neuen Atem gibt. Mein Geist, darauf vertraue ich, ist immer wach und bemüht, mir Werte zu signalisieren und Orientierung zu geben. Das geschieht unaufdringlich und sanft, jedoch bestimmt! Ich versuche deshalb diesen vielleicht kindlich wirkenden Ruf »Schau mal!« so gerne in mein Leben zu integrieren.

Bei Kindern bewundern wir die unerschöpfliche Energie der Neugier, des Entdecken-Wollens und auch des Erfindens. Wir als Erwachsene haben uns manchmal abgefunden, mit dem, was wir kennen, mit unseren begrenzten Erlebnissen, mit unserer Realität – das macht mich richtig traurig … In Zeiten des Wandels bricht sie manchmal hervor, das erlebe ich immer wieder in Beratungsgesprächen, diese Sehnsucht, doch noch etwas erleben, bewegen und bewirken zu wollen. Doch ist der Bruch dann oft so heftig, dass Beziehungen zerbrechen, Stabilität wankt und Gutes auch gleich mit über Bord geworfen wird.

Immer wieder erkenne ich, dass das Überlegen und Erarbeiten dessen, was mir wirklich, wirklich wichtig ist, der Dreh- und Angelpunkt persönlicher Entwicklung und Reifung ist. Wenn wir unsere Werte und Ziele immer wieder zu erkennen versuchen, bleiben wir wach. Intuition heißt im Lateinischen erkennen. Unser inneres Auge erkennt, intuitiv, was wichtig ist. Manche nennen es auch Bauchgefühl und verlassen sich da auf das intuitive Fühlen des Bauch-Hirns. Achtsam ist unser Geist und achtsam sollten wir auf seine Bilder, Stimmen und Gefühle hören!

Wenn es uns gelingt, das wirklich Wichtige zu erkennen, dann können wir uns danach ausrichten. Wie ein Bogenschütze, der seine ganze Konzentration zusammennimmt und sich ausrichtet auf sein Ziel. Oder vielleicht wie ein erfahrener schlauer Affe, der eine besonders reife Banane entdeckt hat und sich nun anstrengen wird, dieses »Ziel« zu erreichen.

Achtsam und intentional

Im Englischen erkennen wir noch den originalen Wortsinn von Intention: tension – Spannung. Voller Spannung, ja mit voller Spannkraft richten wir uns nach dem aus, was wirklich wichtig ist, oder erkennen vieles, was wir scheinbar vergessen haben.

Goethe sagt einmal, dass wir zumindest das Schwarze in der Zielscheibe anvisieren müssen, auch wenn wir es nicht immer treffen. Und beim Erreichen unserer Ziele – natürlich nur, wenn sie wertvoll sind – dürfen wir alle Mittel einsetzen, die uns auch eine hoch technisierte Welt anbietet. Mir geht es ganz persönlich immer wieder darum, dass wir die richtige Balance finden zwischen dem Umarmen eines Baumes und dem Festklammern an einem Smartphone. Jedes für sich wäre einseitig. Beides richtig eingesetzt, hält uns achtsam und aufgeschlossen.

Manchmal hilft es, wenn wir uns erinnern, was uns gutgetan hat, wie wir uns vielleicht als Kind einem Spiel hingegeben haben, das Wasser am Bach stundenlang beobachten konnten oder auch mal träumend mit wunderschönen Wolken am Abendhimmel gereist sind. Vielleicht schaffen wir es gemeinsam, vielleicht hilft uns auch jemand dabei, unsere Erinnerung wachzurufen, das zu wecken, was in unserem Innern ja immer schon schlummert …

Ja, es ist schon Standard geworden, dass wir neben den vielen Verpflichtungen, die wir haben, über die moderne Technologie mit unseren Freundinnen und Freunden in Verbindung bleiben. Immer wieder begegnen uns Mütter mit Babys im Kinderwagen, die die wenige Zeit, die sie für sich haben, dazu nutzen, ihre SMS zu schreiben. Das Kind schläft, das Leben im Smartphone erwacht, die digitalen Nachrichten, Statusberichte und Ortsbeschreibungen bahnen sich den Weg zu den Freundinnen und Freunden. Wir produzieren Meldungen, Bilder und senden unseren derzeitigen

Lebensstatus. So viel Aktionismus für das Zwischenmenschliche muss sein. Return. Send.

Doch tut uns das wirklich gut?

Mit Hund und ohne Handy

Katharina H. hat einen richtig tollen Hund, neugierig, verspielt, lie-bevoll und äußerst agil erkundet er die Natur, wenn sie spazieren gehen. Er sucht die Nähe zu seinem Frauchen, für Spiele jeder Art. Aber Katharina hat keine Lust und keine Zeit mehr zu spielen, denn sie hält in ihrer verplanten Zeit den Kontakt zu lieben Freunden und Facebook-Freunden übers Handy. Sie ist so sehr mit dem Surfen im Internet und den vielen virtuellen Begegnungen und Reizen be-schäftigt, dass sie die Intensität, die Schönheit und das Wesent-liche ihres analogen Lebens gar nicht mehr wahrnimmt. Im persön-lichen Gespräch mit mir klagt sie stattdessen, dass Begegnungen oberflächlich geworden seien. Sie könne sich eigentlich auch an nichts mehr erfreuen. Wir versuchen ihre Werte bewusst werden zu lassen, Pausen in ihrem hektischen Leben zu finden, alles mit mäßigem Erfolg. Und dann passiert zwischen zwei Terminen das, was nicht passieren darf: Sie findet ihr Handy nicht mehr. Verlegt? Gestohlen? Sie weiß es nicht. Sie weiß nur, dass damit ihr wichtigs-tes Kontaktmittel abhandengekommen ist. Verzweiflung führt Regie. Katharina befindet sich in einem Vakuum, in dem sie nicht mehr weiß, wie sie Kontakt zur Außenwelt halten soll. Sie weiß nicht, wer sie gerade erreichen will und worauf sie reagieren soll. Ohne Handy verliert sie einen Teil ihres Lebens, so scheint es.

Die einzige Konstante in diesem Super-GAU ist ihr Hund, der völlig unbeeindruckt nach draußen drängt, Gassi gehen. Also, nichts wie raus in den Wald, an die Natur, an die Luft. Und jetzt geschieht etwas Sonderbares, für sie Bewegendes und Veränderndes. Plötzlich hat sie Zeit, die Natur zu betrachten, den kleinen Bach neben dem Weg, die Hecke, die inzwischen so groß geworden ist, dass sie nicht mehr drüber sieht, die Blumen, die ihr noch nie aufgefallen sind. Sie entdeckt, dass es noch andere Menschen gibt, die hier unterwegs sind. Sie beginnt, ihnen zuzulächeln. Mit jedem Mal draußen sein ohne Handy erweitert sich die Wahrnehmung. Plötzlich ergeben sich sogar Gespräche mit anderen Menschen, die Oberflächlichkeit weicht dem Interesse am anderen und tiefer gehenden Gesprächen. Es klingt fast wie im Märchen, als sie beim nächsten Besuch bei uns im SinnZentrum begeistert von einer neuen Freundin erzählen konnte, die sie doch glatt bei einer ihrer neuen Naturwanderungen kennengelernt hatte.

Die Spaziergänge mit dem Hund jeden Morgen und jeden Abend bekommen eine vollkommen neue Wertigkeit und Qualität. Und das alles begann mit einem Verlust, dem Verlust des Handys. Das temporäre Aussteigen aus der virtuellen Welt, aus der Gewohnheit, aus dem Trott. Aus eventuellen Onlinedates sind neue, bewusste Begegnungen entstanden. Katharina hat sich zudem geöffnet für die Gerüche der Natur, die Farben, das Licht, das Wasser. Sie ist in ihrem Element. Sie wird neu aufmerksam, achtsam und kann diese Achtsamkeit beim täglichen Hundespaziergang trainieren. Wenn wir den Hund jetzt fragen würden, wie es ihm damit geht, ich glaube, er würde begeistert mit dem Schwanz wedeln, weil endlich wieder jemand mit ihm Gassi geht, der weiß, wofür er sich interessiert.

Klar hat Katharina bereits wieder ein neues Handy, aber es bleibt jetzt mal beim Spaziergang zu Hause und darf sich dort aufladen, während sie sich mit anderer Energie stärkt.

Aufmerksamkeit und Erinnerung sind Kräfte in unserem Geist, die uns leiten wollen, das Versteckte, das Kleine, das Vergessene lebendig zu halten. Manchmal beim Umarmen eines Baumes, beim Geruch alter Bücher oder auch im Internet, wenn wir einen verschollenen Freund wiederentdecken.

 ### Und die Affen?

Natürlich können wir hier das Handy als Affensippe versinnbildlichen, in der ständig was los ist, zu den ungelegensten Zeiten wer was will und Impulse an uns richtet, die uns ablenken. Sie können aber auch ein positives Beispiel dafür sein, wie viel Neues und Unbekanntes man mit einer spielerisch wachsamen Art entdecken kann. Die Affen denken nicht erst viel nach, sondern agieren im Hier und Jetzt, folgen ihren Impulsen und ihren aktuellen Bedürfnissen.

»Schau mal!« oder »Aha, was ist das denn? Das kenn ich ja noch gar nicht« sind Sätze der belebenden Neugier, die aus einer angstfreien und entspannten Haltung heraus, aber auch mit scharfen Sinnen am besten zu befriedigen ist.

Meine These GEIST IST AUFMERKSAM ganz kompakt

Den Begriff der »Aufmerksamkeit« in diesem Zusammenhang habe ich entdeckt bei Simone Weil. Er ist für mich ähnlich, aber doch mehr als das heute sehr bekannte »Achtsamkeits-Training«. Augustinus sagt es in einem sehr schönen Bild: Der Geist ist das Auge der Seele. Das Schauende, immer offene, nicht einschlafende, das offene Auge der Seele (oculus animae).

Wahrnehmen kann nur das Gesamt! Das Auge kann nicht hören, das Ohr nicht sehen, manchmal schläft das Auge und sieht nicht und das Ohr hört nicht. Geist ist immer aufmerksam.

Daraus folgere ich auch, dass der Geist der Ort des Gewissens ist – nicht des moralischen Gewissens, sondern des Urwissens. Gewissen ist für mich, in Anlehnung an Frankl, das Sinn-Organ, das weiß, was mir wirklich guttut. Weil unser Geist aufmerksam ist, weiß er um das, was in jedem Augenblick meines Lebens notwendig und richtig ist.

Geist ist der offene Punkt in unserem tiefsten Inneren, an dem der Himmel hereinschaut. Er ist der Ort in uns, der den Himmel immer sehen kann, weil er immer aufmerksam schauend ist. Diese Schau ist manchmal mystisch, von ihr können wir hier nicht reden bzw. es ist manchmal besser, nicht von ihr zu reden. Meist ist diese Schau aber ganz geerdet, praktisch, hier und jetzt in unserem Leben.

Ich umschreibe das gerne mit einem Fremdwort, das uns allen geläufig ist: »Intuition«. Intuere bedeutet im Lateinischen schauen. Unsere Intuition schaut das, was jetzt da ist. Und weil wir schauen können, können wir uns als ganze Menschen aus dieser Geistigen Person heraus – aus dieser geistigen Tiefe – ausrichten auf etwas. Wenn wir etwas nicht sehen, tun wir uns schwer, uns darauf auszurichten. Im Schauen ist uns dies möglich.

Wir können uns ausrichten auf ein Du, auf Werte und auf Aufgaben. »Ausrichten« allein ist mir aber inhaltlich und begrifflich zu schwach. Das Ausrichten braucht hier noch etwas mehr Spannung, mehr Aktivität, mehr Aufmerksamkeit, mehr Richtung an sich: Intention wäre hier das richtige Wort. »Geist ist intentional«, formuliert Frankl. Geist ist voller Spannung. Intentional heißt hier für mich: voller Spannung ausgerichtet sein. Geist ist aufmerksam, intuitiv und intentional.

Meine Impulse

1. Wieder staunen lernen

   Gehen Sie mal in einer sternenklaren Nacht hinaus und schauen Sie in die Weite des Alls. Vielleicht braucht es ein wenig Zeit, aber wenn Sie ein bisschen aushalten, wird sich Staunen einstellen. Ein Staunen über die Größe des Alls und über die Kleinheit von uns Menschen. Und doch: Wir sind so groß, dass ich das alles erkennen kann. Sie können über mich lächeln und denken: »Was für ein sentimentaler Mann«, doch mich begleitet da immer wieder der Satz von Luther nach Psalm 8: O Mensch bedenk dein' Würde groß!

2. Ein wirklich freier Tag

   Eines meiner großen Vorbilder, Deepak Chopra, sagt: »Versuchen Sie einen Tag nichts und niemanden zu bewerten.« Versuchen Sie anzunehmen, was auch kommen oder passieren mag. Wachsam sein, ohne zu (ver-)urteilen. Nicht die Augen zu schließen vor dem, was offenbart wird. Seien Sie versichert, es wird ein spannender Tag.

3. Alte Erfahrungen neu beleben

   Nehmen Sie ein altes Fotoalbum oder alte Tagebücher. Stöbern Sie darin. Ich bin mir sicher, Sie finden dabei Anstöße, was Sie einmal interessiert und ganz vergessen haben. Was davon wäre denn wert, es wieder mal zu versuchen? Vielleicht haben Sie auch ein altes Souvenir oder ein Spielzeug, das plötzlich wieder Aufmerksamkeit erzeugt. Trauen Sie sich zu träumen. Und auch zu spielen. Nicht nur die Affen spielen gerne: Vor zweitausend Jahren hat mal einer gesagt: Wenn ihr nicht umkehrt und werdet wie die Kinder …

Hey du!

Geist ist dialogisches Sein

Wie soll ich meine Seele halten, dass
sie nicht an deine rührt? Wie soll ich sie
hinheben über dich zu andren Dingen?
Ach gerne möchte ich sie bei irgendwas
Verlorenem im Dunkel unterbringen
an einer fremden stillen Stelle, die
nicht weiterschwingt, wenn deine Tiefen schwingen.
Doch alles, was uns anrührt, dich und mich,
nimmt uns zusammen wie ein Bogenstrich,
der aus zwei Saiten eine Stimme zieht.
Auf welches Instrument sind wir gespannt?
Und welcher Geiger hält uns in der Hand?
O süßes Lied.
Rainer Maria Rilke

»Hey du!«, so ruft unser Geist – mal aufmunternd, mal ganz leise, mal aufweckend, mal tröstend. Er ruft es als ein ständiger Begleiter, der sich mal einbringt, mal wieder ermahnt, ein andermal sich durchsetzt und uns zum Nachdenken und Überlegen anregt. Geist will mit uns in Verbindung sein, er sucht zuallererst den Dialog mit uns und den Austausch. Er ist unser Mentor, unser Ratgeber, unser Motivator. Geist will verbunden sein und eingebunden werden in unser Tun und Handeln.

Dabei ist unser Geist ein innerer Freund, und es ist mir sehr wichtig, dies herauszustellen. Denn wir sprechen hier von einem treuen, echten und innigen Freund, der mit uns verbunden ist – egal in welcher Situation wir uns gerade befinden, er ist da. Er ist einfach immer da, und vor allem dann, wenn wir ihn brauchen. Er denkt und fühlt mit, wenn wir selbst gerade zu beschäftigt sind, und er erinnert uns an das, was uns wirklich wichtig ist.

Er ist aber auch da und präsent, wenn wir ihn oft lange ignorieren. Und dann macht er sich manchmal überraschend bemerkbar. Aus meiner Erfahrung als Berater und Seelsorger weiß ich, dass sich der Geist erhebt, wenn er keine Beachtung findet und gegen ihn gelebt wird. Er macht sich bemerkbar durch die innere Stimme, durch ein Bauchgefühl und durch ein Innehalten, Zweifeln oder durch Aufbruch. Er ist eben ein echter Freund, der uns die Melodie unseres Herzens vorsingt, wenn es scheint, dass wir sie vergessen haben, wie es Elisabeth Lukas so schön formuliert.

Durch Beziehung zu sich kommen

Der Geist stellt seinem Tun keinen Monolog voran, keinen Befehl oder eine Muss-Formel. Er sucht den Dialog mit uns und für uns. Er will verbunden und eingebunden sein, wahrgenommen werden, und er will uns anregen, notwendige Prozesse anzustoßen. Geist will teilhaben an unserem Leben und »sieht es am liebsten«, wenn wir die entscheidenden Impulse umsetzen. Dieses »Im-Dialog-sein-Wollen« unseres Geistes bietet uns wunderbare Impulse, die wir einfach annehmen dürfen. Unser Geist will mit uns lebendig sein, er ruft uns sein »Hey du!« auch in dunklen Momenten zu. Er hilft uns auch, wieder zu und in uns zu gehen, wenn wir zu abgelenkt sind.

Ich formuliere gerne: »Sinnerfülltes Leben ist Leben in Beziehung«. Beziehung in ganz verschiedenen Dimensionen meines Seins, zu mir Selbst, zu einem Du, zu einer Aufgabe, zur Welt und zur Spiritualität (lesen Sie dazu mehr in meinem Buch »Was meinem Leben echten Sinn gibt«). Immer wieder ist es dieses Dialogische in meinem Geist, das diese Beziehungen eingehen will. Unser Geist will lebendig werden, in und durch und mit uns lebendig werden, in und durch unsere Beziehungen.

Geist will nicht »allein« sein. Geist will sich entwickeln, sich entfalten, sich erleben.

In manchen Phasen unseres Lebens aber, trotz aller Achtsamkeit und Vorbereitung, werden wir manchmal müde und erleben uns ohne Kraft, können und wollen nicht mehr. Doch aus unserer Tiefe werden wir immer – manchmal vielleicht mit etwas mehr Zeit und Mühe – den Impuls spüren können: Hey du, das war noch nicht alles! Es gibt mehr! Es gibt Neues zu entdecken. Das Leben hält noch sooooo viele Möglichkeiten bereit, die du noch nicht kennst.

Und sollten wir uns mal auf jemanden oder etwas zu sehr eingelassen haben, sollte der Monolog des anderen uns die Luft nehmen oder die übernommene Aufgabe zu viel werden, dann hilft uns unser dialogischer Geist, auf Distanz zu gehen, loszulassen und uns abzugrenzen. Dann nämlich, wenn wir uns in die Enge getrieben fühlen und Freiraum für Überlegungen – für den inneren, wohlwollenden, unaufgeregten Dialog mit uns – brauchen. Wir sind fähig, uns einzulassen in Begegnungen, in Möglichkeiten und Herausforderungen. Aber wir dürfen uns auch zurückziehen, uns schonen, wieder mit uns selbst in Beziehung gehen.

Er kommt uns auch zu Hilfe, wenn wir aus Eitelkeit oder Egoismus bewegungslos werden und zum Beispiel eine Störung nicht lösen können.

Er hilft uns zudem dann, wenn uns Unruhe leitet oder begleitet, auf Selbst-Distanz zu gehen und Abstand zu finden. Denn allzu oft fehlt uns das entscheidende, abgrenzende Nein, wenn wir Ruhe brauchen, beziehungsweise es fehlt uns der Mut, uns auf etwas Neues, Unbekanntes einzulassen, das unerwartet tief und bereichernd sein kann.

Wir sind, das hören wir nicht gerne und trotzdem kommen wir daran nicht vorbei, für das, was wir in unserem Leben tun und erleben, selbst verantwortlich. Wir sind verantwortlich, für die Antworten, die wir geben: auf den Dialog in uns und den Dialog mit den Menschen und der Welt um uns. Unser Geist ist und bleibt nicht unverbindlich, sondern verbindend, Beziehung schaffend, Antwort gebend. Wie wunderbar, erfrischend und freudvoll ein »Hey du!« unseres Geistes wirken kann, zeigt die Geschichte von Elisabeth, die sich in der akuten Phase der sogenannten Flüchtlingskrise vor wenigen Jahren ereignete.

Mit Latif in eine neue Freiheit

Elisabeth führte ein sehr reiches, behütetes Leben, das durch konservative Werte geprägt war. Sie hatte eine Familie gegründet und aufgebaut, ist einem akademischen Beruf nachgegangen und war mit ihrer Lebenssituation »eigentlich sehr zufrieden«. Trotzdem spürte sie, dass irgendetwas fehlte.

Exakt in dieser Phase animierten sie Freundinnen dazu, aktiv zu werden in einem Sprachkurs für Frauen aus anderen Kulturen, Frauen mit Migrationshintergrund. Das war für Elisabeth eine völlig neue Aufgabe, ein ungewohntes Terrain, auf das sie sich begab. Nach einem konservativen und traditionellen Leben findet sie sich plötzlich wieder in einer Gruppe von Frauen, die nicht ihre Sprache sprechen, nicht ihre Hautfarbe haben, nicht ihre Kultur und nicht

ihre Religion leben. Und trotzdem Menschen, die ein neues, ande-
res, sicheres Leben suchen.

Elisabeth begleiten anfangs permanent Verunsicherung und Angst,
wenn sie mit verschleierten Frauen zu tun hat, die sie mit angst-
und hoffnungsvollen Augen anblicken und »etwas von ihr erwar-
ten«. Das Angstgefühl wird gestärkt dadurch, dass sie »vielleicht
doch aus ihrer scheinbaren Sicherheit und Geborgenheit heraus-
muss«.

Eines Tages, bei einem gemeinsamen Kochen von Flüchtlingsfami-
lien aus dem Sprachkurs und den Lehrenden aus dem Kurs, be-
gegnet ihr Latif, eine junge Frau – dunkle Hautfarbe, bodenlanges
Gewand –, deren Gesicht von einem Schleier fast zur Gänze ver-
hüllt ist.

Verunsichert stehen sich diese beiden Frauen gegenüber. Latif
voller Hoffnung und erwartungsvoll auf das Neue blickend – sehr
gefestigt in ihrem Glauben und mit einer klaren Vorstellung, wie Be-
ziehung, Familie, Gesellschaft, Religion und das Leben zu funktio-
nieren habe. Latif hatte in ihrer Heimat ein Studium absolviert und
war ebenfalls einem akademischen Beruf nachgegangen. Ihr Taten-
drang in der neuen Welt war klar und deutlich ausgeprägt.

Elisabeth, scheinbar gesättigt und zufrieden mit ihrer Welt, tat
sich zunächst schwer, diese Form der Begeisterung fürs Leben an-
zunehmen, ebenso irritierte sie die Stärke des Glaubens, den Latif
lebte. Ihr selbst war der Glaube längst fremd geworden und schein-
bar verloren gegangen.

Und dennoch, obwohl die beiden aus grundverschiedenen Kultu-
ren stammen und – so scheint es auf den ersten Blick – nur sehr
wenige Dinge gemeinsam haben, beginnt sich eine zarte Freund-
schaft zu formen. Latif findet in Elisabeth einen Menschen, der
zuhört, mit dem sie über die schwierigen vergangenen Monate
sprechen kann.

Elisabeth bestärkt Latif in all ihren Aktivitäten. Sie zeigt ihre große Bewunderung für ihre Kultur und die starke Verbundenheit innerhalb der Familie und gibt ihr damit wieder neuen Lebensmut. Latif erkennt und erfährt durch Elisabeth neue Werte wie Autonomie und Freiheit, allein schon, wenn Elisabeth über das letzte Damenwochenende erzählt.

Die beiden Frauen bemerken, wie im Dialog mit der jeweils anderen und in Betrachtung des Lebens der anderen die eigene Sehnsucht nach Veränderung und Lebendigkeit aufflammt und wie dynamisch dieser Geist der Sehnsucht macht.

Die beiden so unterschiedlichen Frauen interessieren sich mehr und mehr füreinander. Elisabeth erkennt, dass ihre Oberflächlichkeit weichen kann, ja weichen will, um den anderen Menschen kennenzulernen. Sie verspürt eine Sehnsucht nach einem Du, einem Dir und einem Uns. Beide sehen, dass es nicht nur um gesellschaftliche Belange, Vorstellungen und Normen im Miteinander geht, sondern um einen offenen Blick auf die Welt im Kleinen und im Großen und um die feinen menschlichen Nuancen im Leben miteinander. Elisabeth und Latif vertiefen die Freundschaft zueinander und pflegen sie immer intensiver. Sie besuchen einander, sie kochen miteinander. Ja manchmal beten sie sogar gemeinsam.

Aus verschiedenen, sehr festen Grundhaltungen konnte durch dialogisches Sein und die damit initiierte Offenheit für eine Begegnung etwas Neues entstehen. Wir wissen nicht, wohin der Weg Latif und Elisabeth führen wird. Vertrauen wir darauf, dass der dialogische Geist ihre Offenheit belohnt und sie mit Begeisterung neuen Sinn in ihrem Leben entdecken werden. Elisabeth und Latif sind wie zwei Saiten auf einem Instrument, manchmal klingen sie gemeinsam und es entsteht eine wunderbare Harmonie …

Eines möchte ich hier noch einfügen: Wir tun uns heute so schwer, wenn wir aufgerufen sind zu vertrauen. Uns selbst, Menschen um uns, der Welt oder dem Leben. Leider ist uns das Gefühl und das Bewusstsein der Kraft des Urvertrauens oft schon in unseren frühen Kindertagen genommen worden oder es wurde zumindest verletzt. Und doch: Gerade das Urvertrauen ist der Grund, aus dem ein guter Dialog erwachsen kann. Geist ist unser innerster Begleiter, der uns hilft, unser Urvertrauen wiederzuentdecken, in uns einen Dialog mit den Kräften des Lebens und der Liebe zu beginnen. Nur so können Angst und Zweifel, Ablehnung und Hass wirklich überwunden werden. Nur so kann der innere Dialog auch fruchtbar im Außen Blüten und Früchte bringen.

Noch mal zurück zu Elisabeth und Latif. Sollte es mal schwierig werden zwischen den beiden: Der Geist, der in Beziehung geht, der den Dialog aufbaut, rettet den Dialog auch ganz oft mit einem herzhaften Lachen. Humor, und ich meine da nicht oberflächliches Lächeln oder gar Auslachen, ist ein heilsamer Klebstoff für Beziehungen. Ob Affen wirklich lachen können, wissen wir nicht, aber versuchen Sie mal damit zu beginnen, mehr über sich selbst zu lachen … Es wirkt garantiert!

 ### Und die Affen?

Hier meine ich, können uns die Affen helfen, zur Ruhe zu kommen – nämlich indem wir sie gelassen, aber entschieden wie ein Zirkusdirektor mal rausschicken zum Spielen. Oft meinen wir, unsere vielen Gedanken können uns helfen, Probleme besser zu analysieren und dann Lösungen zu kreieren. Aber diese Gedanken – die quasselnden, aufgeregten, gar kreischenden, hektischen Gedanken – helfen uns nicht, in eine echte, tiefe Auseinandersetzung zu gehen. Deshalb beobachten wir unsere

Gedanken – die ganze Sippe von Gedanken –, fangen sie ein und schicken sie in ihr Außengehege zum Spielen.

Nichts soll einen möglichen tiefen Dialog stören. Das Hektische und Unruhige der Affen, wenn sie unberechtigt und vorschnell Gefahr erkennen, ist hier fehl am Platz.

Wichtig ist vielmehr, die Stille zu nutzen und in ihr dem Ungewohnten die Hand zu reichen.

Unser Geist ist da – auch unter allem Affenlärm, der uns umgeben mag. Ein »Hey du!« kommt da immer wieder durch: Lassen Sie doch die anderen zetern und stressen, Sie wissen schon, was Ihnen guttut und was Sie jetzt wirklich brauchen!

In der Kunst der Renaissance wurden die Affen oft als Symbole der Eitelkeit – meist mit einem Spiegel in der Hand – dargestellt. Auch diese Affen der Eitelkeit und des Egodranges wollen wir – gemeinsam mit den helfenden Impulsen unseres Geistes – hier zum Spielen rausschicken.

Meine These GEIST IST DIALOGISCHES SEIN ganz kompakt

Schon unsere biologische Existenz ist, so sagt uns die Hirnforschung über die Spiegelneuronen, auf Beziehung aufgebaut und ausgerichtet. Wie wunderbar ist es, dass dieses Prinzip unseres Geistes, das »Ist« und »Will«, immer bei uns ist und uns immer daran erinnert.

Geist ist »dialogisches Sein«, so sagt Frankl in Anlehnung an Martin Buber. Geist ist ewiges Du, Geist ist – und es geht nicht anders – ausgerichtet auf ein Du, ausgerichtet auf ein Gegenüber.

Mein Geist ist der Partner meiner intimsten Selbstgespräche. Geist ist, zuerst Wort und gleichzeitig auch Antwort. Er ist

Dialog, in beiden Richtungen, Frage und Antwort – Antwort und Frage.

Geist kann in Beziehung treten und auch wieder in Distanz gehen. Nochmals Martin Buber: »Ohne Es kann der Mensch nicht leben. Aber wer mit ihm allein lebt, ist nicht der Mensch.«

Aus diesem Wort- und Antwort-Spiel wird das, was wir Verantwortung nennen. Wir sind hineingenommen in die Verpflichtung, Antwort zu geben. Antwort an unser Du, an unser inneres Du und an das Du, das von außen Angebote, Fragen und Forderungen an uns heranträgt. Frankl formuliert: »Das Leben selbst ist es, das dem Menschen Fragen stellt. Er hat nicht zu fragen, er ist vielmehr der vom Leben her Befragte, der dem Leben zu antworten – das Leben zu verantworten hat.«

Geist ist dialogisch, er ist auf das Du ausgerichtet und, was ganz wesentlich ist, er wählt sich dieses Du auch aus. Hans Urs von Balthasar (1905–1988) sagt, sich an Søren Kierkegaard anlehnend, der Geist, die Geist-Person, wählt die qualitative Einzigartigkeit des geliebten Du.

Das ist der Urgedanke des Bundes im biblischen Denken. Das ist auch die Grundlage der Einmaligkeit und Einzigartigkeit einer menschlichen Bindung, auf die wir uns einlassen können.

So kann und will sich Geist verhalten, einstellen zu etwas. Frankl formuliert das in seinem Begriff der »Einstellungswerte«. Ich nenne es gerne, dass hier meine Haltung sichtbar wird.

Geist möchte vertrauen können, wozu er eines Du bedarf. Das Urvertrauen, das uns so sehr verloren gegangen scheint, ist oft ein Mangel an Erkennen dieses dialogischen Grundkonzepts des Menschen.

Geist möchte sich anvertrauen, nicht nur vertrauen. Er möchte begegnen, in Beziehung treten und auch in Beziehung bleiben. Durch Kommunikation, und das heißt nicht Kommunikation durch Regeln, sondern durch gemeinsames Sein (communio) kommt und bleibt ein unendliches Gespräch in Gang.

Wenn wir das Du-Prinzip unseres Geistes zunehmend erfahren, dann bleiben wir in unendlich schönen, tiefen Gesprächen mit diesem Geist. Frankl nennt das schlicht und einfach »Bei-Sein«. Dies ist wohl eine seiner größten und tiefsten Formulierungen. Und dieses Bei-Sein ist weit mehr als Einfühlsamkeit, Mitgefühl oder Empathie.

Meine Impulse

1. Vom Ich zum Du

   Wenn wir über ein Thema sprechen, sind wir gewohnt, unsere Position zu vertreten. Versuchen Sie mal, ob zu zweit oder in einer Gruppe, immer wieder zu sagen: Ich glaube du/Sie sehen das Thema so oder so, dir/Ihnen geht es damit so oder so. Es wird ein wenig dauern, bis sich alle daran gewöhnen und nicht sofort wieder sich selbst erklären. Wenn es aber gelingt, wandelt sich die Haltung und der Blick geht plötzlich vom ICH zum DU. Das wird ein spannender Dialog, denn plötzlich merken wir, dass wir manchmal andere Perspektiven gut kennen und im nächsten Moment überhaupt keine Ahnung haben, wie jemand angeblich Vertrauter doch ganz anders fühlt und denkt. Das eröffnet neue Möglichkeiten!

2. Interessant!

Von den CliniClowns habe ich gelernt: Versuchen Sie eine Situation, ein Gefühl, eine Nachricht zuerst einmal nicht sofort zu bewerten. Nicht gleich einzuordnen, anzunehmen oder abzulehnen. Sagen Sie zuerst mal ganz leise – oder auch laut: Interessant! Interessant wie du denkst ... Interessant, das tut ja weh ... Interessant, das hab ich jetzt nicht erwartet ... Interessant, so fühlt sich Angst an ... Interessant, das ist ein neuer Blickwinkel ... Sie werden diese Liste sicher weiter fortsetzen können. Und wenn Ihnen dabei ein Schmunzeln über die Lippen kommt, dann wird mit der Situation oder dem Gefühl ein neuer Dialog möglich!

3. Eine Dusche neuer Lebendigkeit nehmen

Wenn der Stress steigt, das Gespräch mühsam wird, die Belastung fast unerträglich ist: Stellen Sie sich vor, Sie stehen für ein paar Minuten unter einem angenehmen Wasserfall und lassen sich vom kühlen Wasserstrahl abduschen. Alles darf mal abfließen und Sie dürfen sich mit neuer Lebendigkeit beschenken lassen. Und dabei bekommen die Affen auch das Wasser ab. Soweit ich weiß, sind die ziemlich wasserscheu und lassen Sie so für einige Zeit in Ruhe ...

Lass los!

Geist ist frei

Ein Gärtner hatte einen neuen Baum in seinem Garten gepflanzt. Er war sehr stolz auf ihn. Und der Baum freute sich, dass er scheinbar geliebt wurde. Da er sich so freute, begann er vor lauter Begeisterung zu wachsen. Zuerst zur Sonne, dann in die Breite, dann in die Höhe. Doch jedes Mal war der Gärtner entsetzt und schnitt ihm die neuen Triebe weg: »Was fällt denn unserem Baum ein! Der kann doch nicht einfach wachsen, wie er will …«, sagte er zu seiner Frau. Und sie stimmte schweigend zu.

So wurde unser Baum mit der Zeit ein ganz braver Baum im Garten des Gärtners.

Nach Jahren kam ein kleiner Junge mit seinem Großvater an dem Garten vorbei, blieb stehen, betrachtete den Baum und sagte zu seinem Opa: »Schau mal, so ein trauriger Baum!« »Warum denn?«, erwiderte der Opa. »Sieh ihn dir doch an, der durfte bestimmt nie so wachsen, wie er wollte …«

Der Baum hatte aufmerksam zugehört. Lange sah er den beiden nach. Dann begann er bitterlich zu weinen.
Nach Heinz Köhler

Bei unserer Suche nach Anerkennung, Wertvollem und Sinn orientieren wir uns oft allzu schnell an vergangenen Erfahrungen, an überlieferten Regeln, nicht hinterfragten Traditionen, an den Bedürfnissen anderer, an Fehlern oder Ermahnungen. Manchmal scheint es mir, als ob wir das Fahrzeug unseres Lebens nicht mit dem Blick nach vorn, sondern mit dem ständigen Blick in den Rückspiegel zu chauffieren versuchten. Dabei verlieren wir die Orientierung und vergessen unsere Visionen. In der übergroßen Außenorientierung, dem Entsprechen von Regularien und der Rückschau auf Altes finden wir selten Potenzial zu unserer Entwicklung. Zum Glück blitzen irgendwann der Impuls und das Bedürfnis nach einem Gefühl auf, das wir oft ersehnen und doch vernachlässigen: die Suche nach der nicht gelebten Freiheit und die Sehnsucht nach den vielleicht doch noch möglichen Potenzialen.

Freiheit ist ein Lebenswert und ein Lebensstatus, der uns allen grundsätzlich zusteht. Dieser gesunde Impuls in uns geht nie verloren: der Drang nach gelebter Freiheit, nach freiem Wachstum, nach kreativer Gestaltung.

Freiheit ist gleichzeitig auch ein Raum, der viel Arbeit und Vertrauen fordert. Freiheit ist uns zwar geschenkt und doch will sie immer wieder neu errungen werden. Sie ist ein Gut, das zahlreiche Aufgaben mit sich bringt, die uns manchmal ganz schön herausfordern.

Freiheit ist in sich ein wunderbares Gefühl, das wir jederzeit beschreiben können, das wir ausfüllen können mit Definitionen, Bildern und Assoziationen. Aber wenn wir es genauer betrachten, wenn wir unsere Lebensumstände hinterfragen, dann sehen wir, dass wir bei Weitem nicht so frei sind, wie wir uns erhoffen.

Monetäre Freiheiten und materielle Sicherheiten, die uns vermeintlich frei fühlen lassen, sind ein Aspekt, wo wir Freiheit bekommen, sie uns aber auch genommen wird. Beziehungen, die uns meistens Schutz bieten, und gesellschaftliche Orientierung, die uns Halt gibt, die uns zugehörig sein lässt, zwei weitere.

Wir nehmen das Freisein sehr gerne als Platzhalter für ein Lebensgefühl, für einen temporären Ausstieg aus dem Alltag, für Entscheidungsfreiheit und freie Wahl aus einer Vielfalt an Möglichkeiten. Das ist gut und schön. Dies alles sind Aspekte von Freiheit. Ich meine damit aber noch mehr.

Freiheit, von der ich hier sprechen möchte, ist eine Freiheit, die viel größer und weiter ist. Ich definiere sie als einen Aspekt der geistigen Dimension: Geist ist frei!

Wichtig ist mir, gleich den feinen, aber wesentlichen Unterschied zwischen »frei von …« und »frei zu …« ganz bewusst zu betrachten. Merken Sie es? Das sind zwei vollkommen andere Richtungen. Frei zum Beispiel von gesellschaftlicher Verpflichtung, körperlichen Einschränkungen und gefühlsmäßigen Belastungen. Aber frei, um zu denken, zu fühlen, zu erahnen und anzustreben.

Wir alle leben unter den verschiedensten Bedingtheiten. Sie sind die Grundlage unseres Lebens wie unsere Familie, unser Erlerntes, unsere Gesundheit. Manches davon schränkt uns ein, wie unser oben erwähnter Gärtner seinen Baum, auch wenn er in scheinbar bester Absicht handelte. Solche Bedingtheiten, das Faktische, das Gegebene ermöglichen und schränken ein zugleich. Ganz salopp könnte man sagen: Es ist, wie es ist.

Distanz *und* Verantwortung

Über unseren gesunden und freien Geist haben wir aber die unglaublich tolle Möglichkeit, zu all diesen Situationen Stellung zu beziehen. Wir können auf Distanz gehen – manchmal nur im Denken, aber da fast immer. Stephen Hawking, der berühmte krankheitsbedingt eingeschränkte Astrophysiker, betonte einmal seine

Freiheit im Denken als Gegenpol zur Fessel seines Körpers im Rollstuhl: »Wer soll mir die Freiheit nehmen, wenn ich – zumindest im Denken – frei bleibe.«

Wir können uns frei machen, zum Beispiel. Wenn mein Arzt mit dem Stethoskop kommt und zu mir sagt »Machen Sie sich frei!«, denke ich manchmal voller Humor: »Wenn Sie wüssten …« Ich versuche mich frei zu machen, jeden Morgen beim Abwaschen des Alten, immer wieder beim Ausatmen und manchmal übe ich es auch, wenn ich durch einen Tunnel fahre und mir beim Rausfahren ganz kurz denke: »So, jetzt lass ich wieder mal ganz viel hinter mir, um frei zu sein.«

Frei für …! Ja, das »Wofür?« ist die wichtigste Frage in unserem Ansatz einer gesunden Persönlichkeitsentwicklung. Frei werden für das Neue, das Eigene, das bewusst Gewählte. Frei werden, um meine Werte leben zu können. Wer sein ganz persönliches Wofür kennt und verfolgt, kommt kaum mehr ab von seinem Weg!

Dieses Freisein kann aber auch ganz schön verunsichern. Und das gleich in zwei Richtungen: Einerseits öffnet uns Freiheit den Blick in die Welt unserer Potenziale, unserer Möglichkeiten. Wir können uns nicht mehr rausreden auf unsere Bedingtheiten, unsere Einschränkungen, unsere Glaubenssätze und Opferhaltungen. Wenn wir da loslassen und frei werden, werden wir im selben Augenblick konfrontiert mit der manchmal unerwartet großen Welt der Möglichkeiten. Schwindelig könnte uns da werden und wir drohen umzufallen und zurückzugreifen zu unserem alten Halt – so beschreibt es vor fast zweihundert Jahren schon der dänische Philosoph Søren Kierkegaard.

Andererseits ist Freisein immer nur möglich, wenn wir auch die andere Seite der glänzenden Medaille sehen: das Verantwortlichsein. Für meine Antwort auf das Angebot des Lebens, das mir gerade gezeigt wird, für die Auswahl der Möglichkeiten, die ich verwirklichen will, bin ich, und nur ich ganz allein, verantwortlich. Das ist uns nicht immer ganz sympathisch. Manchmal würden wir vor einer Entscheidung lieber wie ein kleiner Affe auf den nächsten Ast hüpfen und so tun, als ob nix wäre…

Doch Freisein, Potenziale leben können, Möglichkeiten genießen, das heißt eben auch verantwortlich sein.

Geist ist frei und in dieser Freiheit ist er uns ein wahrer Freund, der uns hilft, in unserem Leben die entdeckenden und entwickelnden Saiten anklingen zu lassen – Geist macht uns frei. Er ist im übertragenen Sinn unser Instrument, mit dem wir ein wesentliches Stück unserer Lebensmelodie erlernen und üben können. Dieses Stück trägt den Titel: »Lass los …!«

Tatsächlich ist es das Loslassen, das uns immer und immer wieder, teils im Anfang, teils mittendrin in der Veränderung, ein Schaudern beschert. Ein ängstliches Erzittern vor den Chancen, deren Erreichen damit verbunden ist, dass wir eventuell eine Sache aufgeben müssen, um persönliche Freiheit zu erlangen.

Komfortzonen, Sicherheitsmechanismen oder Trägheit sind – erlauben Sie bitte diese Überzeichnung – die natürlichen Feinde der Freiheit des Geistes. Sie beschränken uns, sie halten uns zurück, sie engen uns ein und geben uns das falsche Gefühl von Sicherheit und Geborgenheit. Sie verstellen auch den Blick auf den Weg zur Freiheit, auf die Weite der eigenen Möglichkeiten und behindern die Wahrnehmung der eigenen Potenziale.

Von »freigestellt« zu »frei gewählt«

Konrad B. feierte vor einiger Zeit seinen 40. Geburtstag, eingebettet in ein Leben, das tagtäglich alles Gute bereithielt. Seine Frau hatte eine begeisternde Rede gehalten. Seine 13-jährige Tochter überraschte die Freunde und Verwandten mit einer ausgezeich-

*neten musikalischen Darbietung. Beruflich agiert Konrad erfolg-
reich in einem internationalen Unternehmen. Er ist weltweit unterwegs, verdient ein gutes Gehalt und erweitert seinen Horizont.
Natürlich gibt es auch Entbehrungen in seinem Leben, aber die
Annehmlichkeiten überwiegen »eindeutig«.*

*Eines Tages, es kam sehr plötzlich und unvorbereitet, wird er vom
Personalchef seines Unternehmens damit konfrontiert, dass durch
eine Umstrukturierung sein Arbeitsplatz wegfällt, der Mensch
Konrad B. wird nicht mehr gebraucht. Was folgt, ist ein »goldener
Handshake«, der einen Moment Erleichterung verschafft. Konrad
wird freigestellt und bezahlt, ohne arbeiten zu müssen – freigestellt und abgelegt. Trotz der finanziellen Angebote und Sicherheiten, die für geraume Zeit das Leben finanzieren, legt sich ein
Schleier über sein Dasein. Einzig die Fragen scheinen in dieser
Zeit ein erstaunliches Wachstum anzunehmen. Wie soll es weitergehen? Was kann ich tun? Was kann ich überhaupt? Wer will mich
noch? Finde ich in meinem Alter einen angemessenen Beruf? Alles scheint auf den Kopf gestellt. Alles, was ihm bisher wichtig
war, scheint an Bedeutung zu verlieren und infrage gestellt. Wird
das bisherige Leben weiter möglich sein? In vielen Gesprächen
entdecken wir gemeinsam, dass es zuerst einmal gar nicht um
die Suche des Neuen geht, sondern dass es zuerst darum geht,
sich vom Alten zu verabschieden. Von seinem Unternehmen wurde
er plötzlich FREIGESTELLT. Doch was sollte er mit dieser Freiheit
beginnen?*

Freiheit ist ein ganz großes Geschenk, aber sie macht, wie schon
erwähnt, auch Angst und verunsichert. Freiheit eröffnet mir alle
Möglichkeiten. Aber was ist, wenn ich gerade jetzt gar keine Möglichkeiten will. Wenn ich in dem glücklich bin, was bisher war und
ist? Um wirklich frei zu sein, gilt es nachzudenken: Wovon bin ich

frei und wofür will ich frei sein? Es geht manchmal darum, bisherige Werte loszulassen, damit die neuen in mein Blickfeld kommen können.

Konrad hat seine Zeit ganz erstaunlich zu nutzen begonnen. Er hat wirklich all das Alte abgearbeitet und auch abgelegt. Vieles, das er vor einiger Zeit noch vor sich hergeschoben hätte, konnte er so erledigen. Plötzlich begann in ihm die Lust an seiner neuen Freiheit zu keimen. Nicht dass er untätig wurde. Nein, er hat entdeckt, dass er die Liebe zu seinen Klarinetten und zu seinem Saxofon so lange schon vernachlässigt hatte. Er begann wieder zu üben, ja sogar Stunden zu nehmen. Sein Selbstwert und sein Selbstvertrauen wuchsen. Er war nicht untätig bei der Suche nach einer neuen beruflichen Herausforderung. Er wusste genau um die Verantwortung gegenüber seiner Familie, aber auch sich selbst gegenüber. Nach einer Zeit der Pause, des In-sich-Gehens und des Freiseins begann er, sein Persönlichkeitsprofil zu formulieren und sich zu bewerben. Es hat gedauert, aber inzwischen hat er neue Jobangebote. Die Erfahrung, die er mit seiner Freiheit machen durfte, frei zu sein für seine Anliegen, frei zu sein für seine Familie, frei zu sein für sein musikalisches Talent – diese Erfahrungen spielen jetzt deutlich hinein in seine Jobentscheidung. Er muss nicht mehr so viel verdienen, seine Wertigkeiten haben sich geändert. Aus Freiheit wurde ein neues Zeitgefühl. Zeit, das hatte er erfahren dürfen, Zeit hat einen größeren Wert als das, was ihm sein Unternehmen am Ende des Monats überweist.

Zeit und Freiheit sind Geschwister. Sie können nicht permanent den ganzen Weg miteinander gehen. Aber wenn sie sich treffen, dann eröffnen sie Räume, die uns sonst verborgen bleiben.

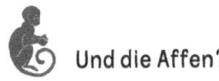 ## Und die Affen?

Wie ist es, wenn Affen in ein neues Revier kommen? Ich hab mir sagen lassen, selbst die frechsten werden zuerst mal vorsichtiger. Sie erkunden mal alles ganz genau. Wo lauern eventuelle Gefahren? Wo gibt's das beste Futter? Wo können sie sich austoben? Wo sind neue Ruheplätze und Verstecke?

Gehen wir ruhig mal mit unseren Affen auf Erkundungstour. Sie sind es, die uns zeigen, was es heißt, kindlich offen und neugierig auf Neues zuzugehen, Altes mal loszulassen, konfrontationsbereit zu sein, das Neue anzusehen und anzunehmen. Sie ermutigen uns und geben uns im besten Sinne eine Form der Leichtsinnigkeit, die uns zuruft: »Schau doch mal! Probier es aus! Was kann schon passieren …«

Und wie sieht es mit ihrem Durchhaltevermögen aus, wenn es um Entscheidungen geht oder wenn Verantwortung übernommen werden muss? Wenn sie feige werden, dann lassen wir sie einfach zurück und gehen selbstbewusst unseren Weg! Mut und Vertrauen sind ja auch Kräfte des Geistes und immer viel stärker als die falsche Angst eines zwar frechen, aber launischen Affen in unserem Kopf.

Meine These GEIST IST FREI ganz kompakt

Das Wesen unseres Geistes ist es, frei, unbedingt, unblockiert zu sein!

Geist ist frei von Trieben, frei vom »Getriebensein« und frei für oder zu etwas – für ein Du, für Werte, für eine Aufgabe, so lehrt uns Viktor Frankl. Geist-Person ist sogar per definitionem

Freiheit, so beschreibt es Hans Urs von Balthasar in Anlehnung an Karl Jaspers.

Wenn wir uns unserer Freiheit bewusst werden, dann kann uns schwindlig werden. Es schwindelt uns vor dem gewaltigen Abgrund dessen, was alles möglich ist. Dann möchten wir am liebsten davonlaufen und uns wieder »einschränken« in das, was wir ohnehin schon kennen, das Gewohnte, das Alte, das scheinbar Sichere. Søren Kierkegaard lehrt uns, diesen Schwindel der Freiheit zu sehen, aber ihn auch auszuhalten.

Geist ist die lebendige Herausforderung zur Freiheit. Und wenn wir uns dieser Freiheit nicht stellen, dann droht uns der dunkle Abgrund der Angst und des Zweifels.

In diesem Sinne treibt uns Geist zu den gesunden Impulsen: entdecken, entwickeln, wachsen, reifen und Frucht bringen. Unser freier Geist fordert uns auf, Antwort zu geben und Verantwortung zu übernehmen.

Meine Impulse

1. Altes loslassen

   Ziehen Sie sich zurück, finden Sie Ruhe und geben Sie sich Zeit. Überlegen Sie: Was hält mich zurück, etwas zu tun oder zu entscheiden? Und dann stellen Sie sich die Frage: Was ist das Schlimmste, was passieren kann, wenn ich das, was mich zurückhält, aufgebe oder aufgeben muss?

2. Frei sein

   Unsere innere Landschaft bietet uns einen immer wieder kreativen Spielraum, in dem wir Neues entdecken können.

Schließen Sie mal Ihre Augen und begeben Sie sich in Ihre innere Landschaft. Gehen Sie auf eine Bergspitze oder eine Aussichtswarte, einen Kirchturm oder einen Steg am See – und genießen Sie den Blick in die innere Weite. Lassen Sie den feinen Wind wehen, der Ihre Ängste mitnimmt, und fühlen Sie, wie das Gefühl der Freiheit wächst ... Frei, frei, frei ...

Und dann lassen Sie Ihre Augen Fixpunkte finden. Was wird Ihnen in dieser inneren Landschaft der Freiheit angeboten? Lassen Sie sich überraschen. Es kommt etwas Neues, etwas ganz Besonderes! Wirklich! Betrachten Sie es – ganz unverkrampft wie ein neugieriger Affe.

Achten Sie auf Ihre Gefühle. Nehmen Sie den Impuls mit zurück in Ihren Alltag. Vielleicht schreiben Sie sich auf, was Sie berührt hat, und vielleicht auch, welches Gefühl Sie dabei begleitet hat.

3. Frei von – Frei für

Eine gute Hilfe, um sich seines Freiraums bewusst zu werden, können zwei kleine Listen sein: Die eine heißt »Frei von ...« und die andere »Frei für ...«. Beginnen Sie mit der zweiten. Sie werden sehen, es wird Ihnen leichter fallen loszulassen, wenn Ihnen klar ist, wofür. Diese kleinen Listen können Sie für verschiedene Lebenssituationen verfassen: Gesundheit, Job, Beziehung, Ausbildung, Hobbys ... Und Sie haben die Freiheit – auch hier – und können die Werte ja täglich neu ordnen. Sie müssen sich nicht ein für alle Mal entscheiden. Dranbleiben ist schon gut, aber noch wichtiger ist zu beginnen – mutig und frech. Denn die Affen, die nehmen's ja auch nicht sooo ernst ...

Tu es!

Geist ist dynamisch

Unsere tiefste Angst ist nicht, dass wir unzulänglich sind,
Unsere tiefste Angst ist, dass wir unermesslich machtvoll sind.
Es ist unser Licht, das wir fürchten, nicht unsere Dunkelheit.
Wir fragen uns: »Wer bin ich eigentlich, dass ich leuchtend,
begnadet, fantastisch sein darf?«
Wer bist du denn, es nicht zu sein?
Du bist ein Kind Gottes.
Wenn du dich klein machst, dient das der Welt nicht.
Es hat nichts mit Erleuchtung zu tun, wenn du schrumpfst,
damit andere um dich herum sich nicht verunsichert
fühlen.
Wir wurden geboren, um die Herrlichkeit Gottes zu
verwirklichen, die in uns ist.
Sie ist nicht nur in einigen von uns, sie ist in jedem Menschen.
Und wenn wir unser eigenes Licht erstrahlen lassen,
geben wir unbewusst anderen Menschen die Erlaubnis,
dasselbe zu tun.
Wenn wir uns von unserer eigenen Angst befreit haben,
wird unsere Gegenwart ohne unser Zutun andere befreien.
Marianne Williamson

Dynamik ist heute ein fast inflationär verwendetes Wort. Wir leben in einer dynamischen Zeit. Die Wirtschaftsdynamik lässt zu wünschen übrig oder erreicht Maximalwerte. Eine dynamische Gesellschaft führt zu Wachstum und Fortschritt. Wir erleben eine neue Dynamik in der Außenpolitik, in digitalen Welten, im Sport allgemein, im Beruf sowieso. Wer nicht dynamisch ist, gehört nicht dazu. Ohne Dynamik kein Erfolg.

Merken Sie, wohin ich mit diesen Statements will? Ich will ein Gefühl dafür geben, wie gesellschaftlich prägend Dynamik verwendet wird, wie verallgemeinernd, als Allgemeinplatz fungierend oder auch oft entpersonalisiert, Dynamik im Sprachgebrauch und Nachrichtenmeldungen eingesetzt wird.

Der Begriff hat aber natürlich unabhängig von seinem aktuellen Gebrauch eine tiefere Bedeutung und eine lange Verwendungsgeschichte. Ich möchte Ihre Aufmerksamkeit darauf lenken, dass Dynamik etwas Positives ist – aber nur dann, wenn wir uns ihr nicht unterwerfen, wenn wir sie nicht mehr als Wert an sich akzeptieren, dem wir nacheifern und uns ihm unterjochen. Vielmehr sollten wir uns unserer Dynamik als Kraft bewusst werden und das Potenzial und die Freiheit wahrnehmen, die uns durch sie geschenkt ist. Dann können wir sie uns und unseren Bedürfnissen und Sehnsüchten zunutze machen.

Geist ist dynamisch insofern Geist ein Sinnbild für Willenskraft, Antrieb und unerschöpfliche Quelle von Energie ist, die in der entscheidenden Aufforderung und Motivation mündet: Tu es!

Diese Kraft hat etwas ungeheuer Machtvolles, etwas Befreiendes, etwas Gestaltendes. Immer wieder weise ich darauf hin, dass es in unserem Leben um sinnerfüllte Beziehungen geht. Erst wenn es uns gelingt, ausgeglichen alle unsere Beziehungsfelder wahrzunehmen und zu leben, wird unser Leben »rund«. Heil werden heißt für mich zu allererst ganz werden, alles im Blick haben, nichts zu verdrängen oder zu vernachlässigen. Dazu drängt uns die Dynamik des Geistes! Eine Pflanze braucht zum Wachsen vor allem Wasser und Licht. Wir Menschen brauchen zu unserer Entwicklung und Entfaltung die Sprengkraft, das Potenzial, den Mut des Geistes. Immer wieder gilt es, alte Panzer zu sprengen, die sich auf uns gelegt haben, oder den Kokon zu durchbrechen, in dem wir reifen durften. Eingeschlossen bleibend, würden wir verkümmern oder gar sterben. Aber wenn wir hervorbrechen, wachsen und unsere Sehnsucht und Bestimmung zu leben beginnen, dann bleibt und wird Leben lebenswert.

Leonard Cohen singt in einer wunderbaren Passage seines Liedes »Anthem« über den Aufbruch und die damit verbundene Heilung und Hoffnung:

»There is a crack in everything – That's how the light gets in.«

Nehmen wir diese Zeilen ernst und setzen sie in Verbindung mit der Dynamik des Geistes, dann machen sie den Blick frei und lassen klarer erkennen, was ich Ihnen so wünsche: Wenn Sie sich zum Beispiel in einer Phase befinden, in der Sie Verlustängste haben, die Sie zurückhalten, oder wenn Sie etwas riskieren müssen oder eine Entscheidung zu treffen haben, die zwar mit Schwierigkeiten verbunden ist, aber mit der eine Lösung sichtbar und möglich wird, wenn Sie endlich aus verkrusteten Strukturen herauswollen – ob beruflich oder privat –, wenn Sie alten Ballast abwerfen wollen, dann, ja dann setzen Sie auf die Dynamik des Geistes, der Ihnen zuruft: »Tu es!« Und verlassen Sie sich darauf, dass dort, wo etwas aufbricht, Licht hineinkommt.

Geist als Trainer und Coach

Geist findet in jedem von uns Platz und gibt uns den Antrieb, den wir wollen, brauchen und ersehnen. Ich will Ihnen hier auch die Vielfalt der Dynamik aufzeigen, denn es ist nicht damit abgetan,

Dynamik als energiegeladen, aufbrechend oder schnell zu umschreiben. Dynamik, die ich Ihnen hier vorstelle, ist eine Sprengkraft des Seins. Sie bricht in uns auf und erschüttert uns dann, wenn wir Verkrustetes ablegen wollen oder sollten. Sie entlädt sich wie ein Vulkan und hat dennoch nichts Zerstörerisches in sich. Vielmehr stellt dieser Ausbruch oder Aufbruch die entscheidende Möglichkeit dar, Licht ins Dunkel zu bringen, sich zu öffnen für eine neue Energie, sich zu erheben mit neuer Kraft.

Trauen Sie sich, muten Sie sich etwas zu, überspringen Sie Ihre Hürden: Wir sind viel mächtiger, als wir in unserer Kleingläubigkeit manchmal meinen!

Ein winziges Samenkorn hätte keine Chance, eine neue Betondecke zu durchbrechen, wenn es nicht von der Dynamik des Lebens erfasst werden würde. Dies ist für mich eines der schönsten Bilder der heute so viel zitierten Resilienz. Wir haben die Kraft in uns zu wachsen, zu leben, zu blühen, Früchte zu tragen – immer wieder neu!

Wie schon oben erwähnt, sagt ein buddhistisches Wort: »Ein fallender Baum macht viel mehr Lärm als ein ganzer wachsender Wald.«

Es ist nicht das Laute der Dynamik, das uns weiterbringt, es ist die leise, aber ungeheuerliche Kraft des Lebens. Manchmal braucht es auch den lauten Knall der Sprengung oder das Krachen des fallenden Baumes, ein lautes »Stopp, so geht es nicht weiter«.

Aber Sinn macht es nur und es trägt nur weiter, wenn dadurch Fruchtbarkeit entsteht, Freiraum geschaffen oder Lebendigkeit sichergestellt werden. Entwickeln Sie Bewegung in Ihrem Leben und nähren Sie Ihre Selbstheilungskräfte. Mit kleinen Schritten, mit kleinen, freudvollen Erfolgen, mit wachsendem Vertrauen und Selbstvertrauen. Sie werden sehen, wie sich Ihr Machen in eine wohlwollende Macht verwandelt, die gar nicht mehr bedeutet, als dass Sie selbst Verantwortung übernehmen und sich auch selbst aus Stagnation und Starre befreien. Aus einem »Tu es!« wird ein »Ich werde!«. Mit dem folgenden Beispiel will ich Ihnen eine Geschichte mit auf den Weg geben, die einen Menschen aus der Leere in die Fülle geführt hat, aus dem Leid in die Freude.

Heraus aus dem Treibsand der Passivität

Clara ist eine Hausfrau, Anfang 50, die drei Kinder großgezogen hat und in ihrer Mutterrolle vollkommen aufgegangen ist. Liebevoll fördernd, fordernd und behütet hat sie ihre Kinder in die Welt entlassen. Mit dem jüngsten Kind, das gerade die Schule erfolgreich beendet hat und zum Studieren ins Ausland geht, hat das letzte Kind das Elternhaus verlassen. Clara und ihr Mann hatten diesen Lebensabschnitt oft in Gedanken durchgespielt, aber jetzt, wo die Realität einsetzt, fühlt sich alles anders an.

Clara hat ihr »Wofür« verloren, ihr täglicher Pulsschlag für Liebe und Muttergefühle nimmt ab, denn sie hat ihre Liebsten nicht mehr um sich. Es kommt Leere auf, bedrückend, lähmend, sinnlos. Auf einmal bemerkt Clara, dass sie zu viel Zeit zum Nachdenken hat und dass dieses Nachdenken und Grübeln – in welche Winkel hinein auch immer – wohl die einzigen sinnerfüllenden Aufgaben sind, die ihr bleiben. Den Haushalt organisiert eine Haushaltshilfe, womit auch diese Aufgabe für ein »lebenserfüllendes« Dasein wegfällt. Clara fühlt die totale Leere, Clara lebt die totale Leere.

Ersatzprogramme übernehmen jetzt. Sie wäscht sich zweimal am Tag die Haare, wechselt ein paarmal die Kleidung, geht shoppen und dekoriert ihr Haus um. Nur um verzweifelt irgendwo und irgendwie ihr Defizit an Sinn auszugleichen. Sie vertreibt sich die Zeit. Sie vertreibt die Zeit.

Sie vertreibt auch die Lust an Neuem, Gewohnheiten werden zum zentralen Thema, der Kaffeeklatsch mit Freundinnen kann hier

keine Wende einleiten. Oberflächlichkeiten, Belanglosigkeiten, Wie-
derholungen, Einkaufstipps, das Neueste aus der entfernten Welt
der Kinder – Clara versinkt im Treibsand der Passivität.

Die Gespräche mit ihrem Mann abends beim Essen nehmen ab und
irgendwann haben sie sich nichts mehr zu erzählen. Sie sind ge-
meinsam einsam und nehmen dies stillschweigend hin.

Clara folgt ihrem Geist und der in ihr aufkeimenden Dynamik. Es
muss etwas geschehen, sie will Veränderung, es bricht auf, sie
wird etwas tun. Sie liebt Kinder, sie vermisst ihre eigenen, aber
sieht neue Wege, Liebe zu geben. Sie entscheidet sich, in einem In-
tegrationskindergarten zu arbeiten. Anfangs noch verhalten, ist sie
schließlich jede Woche drei Vormittage für die Kinder da. Dort ent-
deckt sie einen neuen Sinn in ihrem Leben. Sie hat wieder Menschen,
für die sie ihre Gabe, sich liebevoll um sie zu kümmern, ihnen zuzu-
hören, sie zu trösten und zu fördern, voll ausleben kann. Sie gibt
Liebe, sie erfährt Liebe, ihr Leben gewinnt. Und abends beim Essen
mit ihrem Mann weicht die Stille der Freude und dem Erzählen.

Für mich ist diese Geschichte immer wieder ergreifend, denn in
meiner Arbeit sehe ich ähnliche Lebensumstände sehr oft. Menschen berichten über das Lähmende, das Schwere, die Sinnentlee-
rung und sie erzählen von der Trauer, die sie überkommt, wenn sie
sich in ihrem Leben sehen. Ich weiß, wie schwierig die Wege heraus sind, aber ich weiß auch, wie dynamisch der Geist in uns arbei-
tet, und das erzähle ich den Menschen und ich erzähle von Clara.

Nelson Mandela zitierte in seiner berühmten Rede nach dem
Ende der Apartheidpolitik den oben stehenden Einleitungstext
von Marianne Williamson. Und auch wir dürfen vertrauen: Wir
sind in unserem Geist unglaublich mächtig, es gibt immer wieder
einen Spalt, durch den das Licht durchbricht, und kaum eine Bar-
riere kann so stark sein, dass wir sie nicht durchbrechen könnten.

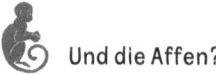 **Und die Affen?**

Sind sie nicht das Bild für Dynamik schlechthin? Aber sie könnten uns auch täuschen: Ständig quirlig aufgeregt und rastlos unterwegs, ist nicht die Dynamik, die ich meine. Das lenkt nur ab und macht im Endeffekt nur müde.

Doch wenn es mal bei uns zur Stagnation kommt, könnte uns ein Affe auf die Schulter klopfen, uns mit seiner Frechheit ermuntern und uns zum Weitermachen ermutigen.

Wir könnten auch mal die Affen begleiten, wenn sie draußen spielen, und ihnen zusehen, wie sie sich stetig von einem Ast zum anderen hangeln, ohne das Ziel aus den Augen zu verlieren. Dynamisch werden und sein gelingt sehr gut, wenn Sie es Schritt für Schritt angehen. Kleine Erfolge geben Sicherheit und sie bringen uns auch der wesentlichen Erkenntnis nahe, wie unser individuelles Tempo eigentlich aussieht. Auch wenn man das Gefühl hat, man schafft gar nichts mehr, macht man es wie der Affe und springt nicht vom Boden in den Baumwipfel, sondern hangelt sich in kleinen Schritten von einem Ast zum anderen und klopft sich dabei auf die Schulter.

Meine These GEIST IST DYNAMISCH ganz kompakt

Im Sprengstoff »Dynamit« steckt das altgriechische Wort Dynamis. Für uns bedeutet dies: Geist hat Sprengkraft! Er kann Panzer von uns absprengen, er kann neue Wege eröffnen und uns durch den tiefsten Berg bringen.

Karl Jaspers, ein Zeitgenosse Frankls, sagt: »Geist ist immer in Bewegung. Geist ist der Vollzug.«Und der Theologe Hans Urs von Balthasar ergänzt: »Geist ist Ereignis.«

All dies sind Synonyme für diese Dynamis, für diese Urkraft der Schöpfung, die wirkt am Anfang unseres Lebens, wenn wir in diese Welt kommen, und lebendig bleibt, bis wir mit unserem letzten Atemzug den Geist wieder »aushauchen« und zurückgeben. Unser Geist ist diese Urkraft und will mit uns in unserem Leben wirken, er möchte Wirklichkeit schaffen, er möchte Wirkung haben, Sinnvolles tun (Schaffenswerte) und Sinnvolles erleben (Erlebniswerte).

Ich »übersetze« Frankls achte These zur Person so: Durch das dynamische Potenzial des Geistes wird der Mensch fähig, zu sich auf Distanz zu gehen, sich mit sich selbst auseinanderzusetzen, sich »von sich selbst nicht alles gefallen zu lassen«. Jeder Mensch, sofern er nicht neurologisch oder psychiatrisch erkrankt ist, hat dadurch einen Spielraum – wie schon im vorhergehenden Aspekt beschrieben – sich zu seinen Bedingtheiten zu verhalten und dadurch immer wieder neue Möglichkeiten zu erkennen und zu verwirklichen.

Meine Impulse

1. Etwas will wachsen

   Lassen Sie alles andere sein, atmen Sie ein paarmal tief aus und schicken Sie mal alle Affen raus ... Ja, und den ganz frechen, der erst mal nicht hören mag, auch noch! Alle raus! Und jetzt schließen Sie noch die Tür fest zu und suchen sich einen ruhigen, angenehmen Ort im Zimmer und genießen die Ruhe. Die Affen kreischen noch ein wenig nach und ziehen dann aber weiter.

   In Ihrer Tiefe gibt es ein Samenkorn, eine Sehnsucht, eine

Kraft, die wachsen möchte. Fühlen Sie hin und geben Sie ihr und sich Zeit. Was mag da kommen? Wie fühlt sich das an? Woher nimmt es seine Kraft? Wohin streckt es sich aus? Nehmen Sie ein Blatt Papier und schreiben Sie sich alles auf, was kommt.

2. Ungelebtes beleben

Manchmal ist es gut zu tagträumen oder mich an alte Pläne zu erinnern, die ich nie verwirklicht und vielleicht schon ganz vergessen habe. Was waren Pläne, die ich nicht umgesetzt habe, nur weil ich mich für zu schwach, unbedeutend ... gehalten habe?

Was kann mir dabei helfen, diese Pläne doch noch wieder zu beleben und umzusetzen? Mit welchen (inneren) Begleitern kann mir mein Vorhaben gelingen? Ich könnte mal den einen oder anderen ersuchen, mich zu begleiten. Vielleicht spüre ich seine oder ihre Kraft oder kann durch seine Augen schauen, um das Ungelebte zu beleben und Neues zu verwirklichen.

3. Bremsen lösen – Gas geben

Finden Sie die Handbremsen Ihres Lebens und lösen Sie sie. Stellen Sie sich die Fragen wie: Was bremst mich eigentlich so aus? Was macht mich zögerlich? Was hindert mich daran, meine Potenziale zu finden?

Die störenden Affen haben Sie längst zum Spielen geschickt, wenn Sie in Ruhe die Handbremse lösen und gleichzeitig das Gaspedal wieder finden. Vielleicht sehen Sie schon bald den neuen Wegweiser: Meine treibenden Kräfte identifizieren und aktivieren.

Es geht ja!

Geist ist kreativ

Ursinn der künstlerischen Unrast
ist nicht die Befriedigung
des schon Gekonnten,
schon Dagewesenen
in souveräner, virtuoser Weise,
sondern vielmehr
das mühselige Suchen eines neuen Weges
neben den vielen ausgefahrenen,
als Bestätigung der eigenen Notwendigkeit und Nützlichkeit
innerhalb der schöpferischen Ganzheit.
Fritz Wotruba (Quelle unbekannt)

»Es geht einfach nichts mehr weiter, der Trott übernimmt tagein, tagaus das Kommando und abends bin ich müde und erschlagen von der Eintönigkeit.« Als ich diesen Satz von meinem Klienten Karl – mehr von ihm weiter unten – hörte, fühlte ich mich gleich herausgefordert, ihn zu unterstützen, die Lebendigkeit und die schöpferische Leichtigkeit in seinem Leben wiederzufinden. Die Farblosigkeit des Tages steigert sich in manchen Situationen eines Lebens oft unmerklich hin zu einer trüben gräulichen Unerträglichkeit, die sich auf alle Aspekte unseres Seins unglaublich schwächend auswirken kann. Nach den vielen Jahren als Mönch, Seelsorger, Coach und Lehrer weiß ich aber auch, wie viele Möglichkeiten wir haben, aus der Tristesse auszusteigen. Uns werden immer wieder so viele Chancen geschenkt, ein reiches, schillerndes und frohes Leben zu gestalten!

Und das will Geist, das wollen wir. Wir wollen erschaffen. Wir wollen unsere Schaffenskraft erleben, sehen und spüren. Und darin dürfen wir uns in unserem Geist stärken und Inspiration holen. Kreativität hat seine Wortwurzel im Lateinischen creare, das schon dort schaffen bedeutet. Auch kreativ ist deshalb in seiner Bedeutung nah an den Wörtern »schöpferisch« und »gestaltend«. Schöpferisch dürfen wir das Werk der Schöpfung weiterführen, aufbauend, verbindend, neu machend.

Machen wir uns immer wieder bewusst, dass »in unserem Geist alles vorhanden ist. Wir sind die Medien, in denen die Welt zur Welt kommt.« Was der Schauspieler und Lyriker Thomas Declaude in einem Radio-Essay im Sender Ö1 als einen so öffnenden und gleichsam auch fordernden Gedanken ausspricht, entpuppt sich nicht nur als wunderbare Weisheit. Es ist viel mehr. Es ist für mich Wirklichkeit: In und durch uns will etwas zur Welt kommen! Etwas will wirken, sich entfalten und wachsen. Darauf dürfen wir bauen, darauf dürfen wir vertrauen. Wir haben mit unserer Verbindung zur Tiefe des Geistes in uns eine Dimension der schöpferischen Kraft zur Verfügung, die uns aktiviert, antreibt, die uns versorgt mit Ideenreichtum und dem Angebot des Lebens.

Wir können dem Geist immer wieder unsere Bereitschaft signalisieren, unseren Willen zur Veränderung. Doch Achtung: Vor der Veränderung gilt es offen zu sein oder offen zu werden, uns frei zu machen für Neues, aktiv für anderes, aufgeschlossen für Überraschendes. Wir entdecken dann überrascht Impulse, die uns in eine neue Richtung bringen und uns inspirierende Gedankenwelten eröffnen.

Unser Geist ist kreativ, schöpferisch, einfallsreich. Er spielt uns Möglichkeiten zu, wenn wir gar nicht daran denken, er gibt uns einen Hinweis, ein Gefühl, eine Ahnung für eine Lösung. Er wird uns immer wieder vor Augen führen, wozu wir fähig sind, wenn wir Entscheidendes initiieren wollen. Das kann überraschend neu sein und im ersten Moment erschreckend, das kann unerwartet sein, vielleicht sogar in der aktuellen Situation auch ganz unpassend oder gar störend.

Geist schafft Neues und lässt uns nicht im Problem verharren, sondern zur Lösung streben. Wenn wir feinfühlig hinspüren, werden wir merken, dass sich unser Geist auch empört über den Ist-Zustand, dass er sich nicht zufriedengibt mit einer abwartenden Haltung, einem Ausharren oder einem falschen Hinnehmen von Leid und Sorge.

Geist empört sich und macht sich bemerkbar, wenn wir zaudern und zögern, seine Hilfe anzunehmen oder eine notwendige, eine notwendende Veränderung einzuleiten. Dabei zwingt er uns zu nichts, aber wir werden ihn als steten Unruhestifter spüren. Viktor Frankl schreibt mal, dass Geist und Sinn zuerst mal Pacemaker (Schrittmacher) und nicht nur Peacemaker (Befrieder) sind.

Und bei diesem Schrittmachen trotzt er auch den immer wieder aufsteigenden Zweifeln, die sich einschleichen und mit ihrem »Ja, aber …« abhalten, Neues zu entdecken.

Geist ist ein Wandler, Verbinder und Veränderer

Geist in seiner ganzen Kreativität ist unglaublich integrativ! Das ist mir ganz wichtig, denn wir erleben uns heute so oft als Alleingelassene, Ausgeschlossene und Einzelkämpfer. Er führt uns in neue Beziehungen, er beteiligt uns, er stärkt uns im Willen zur

Veränderung. Er ist einbindend und verbindend. Hier möchte ich noch einmal Hartmut Rosa mit seinem Konzept der Resonanz zitieren:

Gelingende Weltbeziehungen sind solche, in denen die Welt den handelnden Subjekten als ein antwortendes, atmendes, tragendes, in manchen Momenten sogar wohlwollendes, entgegenkommendes oder ›gütiges‹ ›Resonanzsystem‹ erscheint.
Anerkennung ist dabei ohne Zweifel eine (wichtige) Ermöglichungs-bedingung von Resonanz, wenngleich Anerkennung und Resonanz nicht identisch sind: … Resonanz entsteht erst und nur da, wo A und B sich berühren, wo sie in eine Beziehung des wechsel-seitigen Antwortens eintreten.

Verbindung (connectedness), Integration, Resonanz, Beziehung sind Kräfte des dialogischen Geistes, aber ich sehe sie auch als Potenziale der Kreativität: Wenn wir unsere Welt weiter lebbar und genießbar gestalten wollen, dürfen, ja müssen wir vielleicht sogar diese schöpferischen Kräfte in und aus uns zu Hilfe rufen.

Und da schließt sich für mich gleich ein weiterer Aspekt des kreativen Geistes an: Geist ist heilmachend, ganzmachend, das Gesamte wiederherstellend. Das ist wohl – neben den Dimensionen des Lebens und der Liebe – unsere größte Sehnsucht schlechthin: heil zu sein.

Heilung und heil zu sei, wäre aber viel zu kurz gefasst, wenn wir damit nur (natürlich auch) Gesundsein verstehen.

»Heilung«, so sagt Deepak Chopra, »ist die Rückkehr der Erinnerung an das Ganzsein«. In unserem tiefsten heilen Kern wohnt dieses Bewusstsein der Ganzheit. Das ist so etwas wie die gesunde Stammzellen-DNA des Menschseins. Hier ist die Quelle all unseres schöpferischen und heilenden Potenzials. Wie uns die Genetik in den letzten Jahrzehnten gelehrt hat, geht es meist gar nicht nur um das Abrufen einer intakten Geninformation: Die Wirkung der Epigenetik, also des Umfeldes, wie und wo sich die gesunde Information entfalten kann, ist ebenso wichtig.

So ist es auch mit dem kreativen Geist, der Heilung bewirken möchte: Er braucht uns als ganze Menschen, als ganze Gemeinschaften, als ganze Gesellschaft. Nur in Beziehung und Resonanz kann und wird sein ganzes Potenzial entfaltet werden.

Noch einen Aspekt unseres schöpferisch kreativen Geistes möchte ich hier vorstellen: Es ist seine Fähigkeit zu wandeln und zu verändern. Dort, wo er am stärksten aufbrechen und uns neue Perspektiven bieten will, ist in den Momenten unseres Lebens, wo wir zu Opfern geworden sind. Wo wir etwas austragen, erdulden oder gar erleiden müssen, wofür wir selbst keine oder kaum Verantwortung tragen. Wo wir neuen Mut, neue Kraft, neue Lebendigkeit brauchen.

Ist Ihnen schon einmal aufgefallen, dass fünf kleine Zeichen eine ganz neue Sicht ermöglichen können? Ich meine die Zeichen S, C, H und ..! Stellen Sie diese vor das Wort OPFER bzw. auf das O und Sie werden zum SCHÖPFER. Vielleicht scheint es zu einfach, aber es ist wirksam!

Kleine Perspektivenwechsel, zur rechten Zeit und wenn sie stimmig sind, genügen oft, um den Zugang zu neuen Dimensionen zu bekommen. So oft wollen wir mit dem Kopf durch die Wand oder fühlen uns eingeschlossen und weggesperrt. Wir wollen uns Lösungen erdenken und vergessen dabei, dass wir offen sein müssen: Schließlich haben wir bisher den Ausweg oder den richtigen Ansatz noch nicht gefunden. Ein kleiner Perspektivenwechsel rückt plötzlich die Tür ins Blickfeld oder zumindest ein Fenster und gibt so neue Hoffnung und zeigt neue Wege! Und auf diesen neuen Wegen dürfen wir begleitet von Mut und Vertrauen einen Ausweg aus dem Problem oder dem Trott finden. Geben Sie mit

Ihrem kreativen Geist die Opferhaltung auf und werden Sie Schöpfer Ihrer eigenen neuen Welt!

Also: Wenn Sie in einer schwierigen Lage sind und versuchen, eine Lösung zu finden, denken Sie daran, sich mit diesem Potenzial zu verbinden. Dann werden Sie neue Blickwinkel nicht außer Acht lassen, da dort andere und kreative Lösungswege sichtbar sein könnten.

Auch und vor allem mit anderen lassen sich manchmal besser Routen erkennen, die zum Ziel führen. Nutzen Sie die Kreativität des anderen, unterstützen Sie den anderen, das eigene Potenzial durch Ihre Hilfe wirksamer zu entwickeln.

Zu neuem Leben erweckt

Karl (50 Jahre) arbeitete in seinem Beruf in der Kommunikationsbranche mit Partnern im eigenen gut gehenden Unternehmen. Erfolgreich, vielfältig und spannend. Seine Kräfte, seine schöpferischen Fähigkeiten, seine Begeisterung bei und für die Kunden und sein Drang nach dem Außergewöhnlichen ermüden mit den Jahren im Trott. Routine übernimmt den Platz der Begeisterung. Die Farblosigkeit des Alltags mündet in eine Perspektivlosigkeit, die sich still, aber nicht heimlich, sondern offensichtlich und bedingungslos der Ideenvielfalt und der kreativen Phasen bemächtigt. Das Geschaffene verliert an Bedeutung, die Früchte des Erfolgs vertrocknen.

Karl findet sich plötzlich auf einer Rutschbahn, auf die er nie wollte. Es fällt ihm eines Tages auf, dass diese Dynamik so gar nicht zu seinem eigentlichen Wesen passt. Er fühlt, dass ihn etwas blockiert, was er bei seinen Kollegen, die über Burn-out oder Ähnliches klagten, nie verstanden hat.

In dieser Phase treiben ihn Gedanken um. Ideen zur Veränderung oder doch gleich alles hinwerfen? Neue Impulse treffen ihn nachts oder unvorbereitet in Momenten, in denen er sich unbewusst der Ruhe hingibt.

Sie kitzeln ihn, sie wühlen ihn auf, sie ärgern ihn, weil er sich doch endlich daranmachen wollte, das Alte wiederherzustellen. Denn auch wenn das, was er tut, ihm gerade keine Freude mehr bereitet, wenn Stress und Druck zunehmen, in diesem Dasein und Sosein kennt er sich aus, das gibt ihm – so fatal es auch klingen mag – Sicherheit.

Der Geist aber zeigt sich von seiner kreativsten Seite und weist immer wieder auf Neuorientierung. Wann immer sich eine Gelegenheit bietet, wird Karl konfrontiert mit neuen Impulsen, die ihm zeigen, dass er es in der Hand hätte, Veränderung zu realisieren und zu leben.

Karl erzählt mir diese Erlebnisse und Geschichten des Öfteren, bis er meinen Rat, einmal stehen zu bleiben, ruhig zu werden und sich zu öffnen, ernst nimmt. Er beginnt auf seine innere Stimme zu vertrauen und sich umzusehen. Mit ganz kleinen Schritten schlägt er einen Weg ein, der vor einem Jahr unmöglich gewesen wäre. Er verändert sich, er bricht aus, er beschließt die Lösung von seinen Partnern, er entdeckt sich neu und entdeckt doch auch den früheren Karl wieder: den Enthusiasten, den Begeisterten und Begeisternden, den Freudvollen, den Menschen, der genau das umsetzt und lebt, was ihn in seinem Inneren ausmacht.

Haben ihn noch vor Jahren Ängste eingeholt, wenn es darum ging, die Weichen anders zu stellen oder Ratschläge von Freunden anzunehmen, die ihn aus seinen sicheren Bahnen gelotst hätten, so kam ihm nun sein Geist zu Hilfe, der ihm in der Rückschau einen einzigen Satz entlockt: Es geht ja doch!

Heute agiert Karl vielfältiger und erfolgreicher denn je zuvor. Er bestimmt selbst seinen Rhythmus und er hört die Signale seines künstlerischen Geistes, der ihn ab und an ermahnt, wieder eine Schaf-

fenspause einzulegen. Karl weiß, dass sich in jeder Pause etwas
Neues eröffnet und dass sich mit jeder Pause die Kräfte erholen.

Picasso sagt einmal: »Das Schlimmste ist, es ist nie etwas abge-
schlossen, es gibt nie den Moment, wo man sagen kann: ›Ich habe
gut gearbeitet, und morgen ist Sonntag.‹ Wenn man aufhört, ist's,
um von vorn anzufangen. Man kann ein Bild sein lassen und be-
schließen, nicht mehr daran zu rühren. Aber nie kann man dar-
unterschreiben: Ende.«

So ist es auch in unserem Leben. Wir dürfen uns immer weiter
entwickeln, entwerfen, neu werden … Das macht uns manchmal
Angst. Das kann ich gut verstehen.

Auf Spaziergängen staune ich immer wieder über Pflanzen
und Bäume, die sehr kreativ weiterwachsen, trotz eines Zauns
oder Verkehrsschildes, das sie vermeintlich in ihrem Wachstum
begrenzt – oder erinnern Sie sich noch an den Baum bei »Lass
los!«.

Noch etwas hat Picasso beizutragen, wen wundert's, ist er doch
ein Mensch, der mit einer ungeheuren Fülle an Kreativität be-
schenkt war. Kreativität braucht auch Inspiration – und die bringt
uns wieder nahe zum Geist. Picasso sagte: »Inspiration existiert –
aber sie muss dich bei der Arbeit finden!«

Das meine ich, wenn ich sage, wir müssen offen werden und offen bleiben. Wir dürfen nicht sitzen bleiben und auf das Neue warten, dann findet es uns nicht. Bleiben wir tätig, aber offen. Verabschieden wir uns von dem, was wir nicht mehr wollen, und machen
wir Platz – Platz für das Neue – und lassen wir uns überraschen
und beschenken von dem, was sich uns anbietet. Wir dürfen offen
bleiben und prüfen, was davon stimmig ist und was nicht.

Wir sind nicht Opfer, sondern Schöpfer unseres Lebens!

 **Und die Affen?**

Frei nach dem bekannten Affentheater, in dem die Affen wild schreiend und aufgebracht herumspringen, erheben sich auch in uns nahezu hysterische Stimmen, die uns voller Aufregung signalisieren, dass Veränderung nicht gut ist. Schicken wir diese Affen einfach raus und finden wir die Ruhe, die es braucht, um den Geist zu hören und ihm vertrauen zu können.

Wenn wir dann die ersten Schritte gehen, können wir auch wieder an jene Affen denken, die sehr erfinderisch sind, wenn sie eine Lösung suchen. Gerade auch ihre Stärke in der Gemeinschaft kann uns zeigen, dass wir ebenfalls auf Hilfe vertrauen können, wenn sie uns angeboten wird, oder dass wir sie auch suchen dürfen.

Affen sind zudem sehr lösungsorientiert. Wenn sie nicht weiterkommen, stecken sie den Kopf nicht in den Sand. Spielerisch entwickeln sie ein neues Werkzeug oder nutzen die Fähigkeiten eines Artkollegen. Eines ist sicher: Sie bleiben lästig und geben nie auf!

Meine These GEIST IST KREATIV ganz kompakt

Geist ist kreativ, schöpferisch, neu schaffend. Aus dieser Kreativität heraus will er gestalten. Als Erstes, so sagt uns Frankl, möchte er unser Psychophysikum gestalten hin zur »authentischen« Persönlichkeit.

Geist schafft die Einheit zwischen unseren Trieben, unseren Bedürfnissen, unseren Interessen. Also all dessen, was zum Psychophysikum dazugehört. Er möchte gestalten, so wie ein

Komponist oder Dirigent sein Orchester leitet, das er »aufleben« lassen möchte.

Nicht nur sich, sondern auch seine Um- und Mitwelt will Geist gestalten. Nicht nur gestalten, sondern auch integrieren, einbinden in sich und seine Kräfte, was das Menschsein ausmacht: Bewusstes und Unbewusstes, Bekanntes und Unbekanntes, Inneres und Äußeres, Innen-Welt und Außen-Welt … Unterstützend will er vom Opfer-Dasein zum SCHöpfer-Dasein führen.

Der kreative Geist will auch therapieren.

Der Geist als Therapeut möchte dem Leben, dem Sinn, dem Logos in mir und der Welt um mich dienen. Er möchte in dieser Therapie des Dienstes und Heilens etwas wecken, das wir heute mit dem Fachbegriff der »Resilienz« umschreiben: Die Selbstheilungskräfte, die mir helfen, wirklich »ich« zu werden und »gesund« zu bleiben. Heilung heißt hier Ganzwerden, unabhängig von körperlicher oder psychischer Gesundheit.

Dieser kreative Geist möchte auch Widerstand leisten. Er möchte trotzen. Hier gründet für mich Frankls »Trotzmacht des Geistes«.

Meine Impulse

1. Der Weg und das Ziel

   Machen Sie sich auf den Weg. Wie eine kleine Wanderung. Wie eine Wallfahrt. Brechen Sie auf. Wirklich. Vielleicht bei einem Spaziergang, beim Joggen oder nehmen Sie sich ganz bewusst die Zeit.

Und stellen Sie sich die Frage: Was ist mein Ziel? Wo will ich eigentlich hin? Bei jedem Schritt darf eine neue Erkenntnis aufsteigen.

Und Sie dürfen auch etwas Altes zurücklassen, damit Sie leichter Ihrem eigentlichen Ziel näher kommen. Die Wallfahrer nach Santiago nehmen manchmal von zu Hause, als Erinnerung für das Mühsame, kleine Steine mit. Und irgendwann am Weg legen sie sie ab, um dann freier weiterzugehen.

Wenn Sie so unterwegs sind, wird jeder Schritt zu einem Neu-Start und auch einem Neu-Ankommen.

2. Energieräuber loslassen

Wir sprechen so oft von Energieräubern. Machen Sie sich eine Liste: Wo verlieren Sie Ihre Kraft, Ihre Energie, Ihre Freude, Ihre Kreativität? In Ihrem Zuhause, in Ihrem Arbeitsumfeld, bei den Menschen um Sie, bei Ihren Hobbys? Was fehlt ihnen? Seien Sie absolut ehrlich zu sich selbst. Nur dann können Sie auch Klarheit erlangen.

Was können Sie von dieser Liste weglassen? Streichen? Vielleicht sogar ersatzlos? Immer ohne großen Aufwand! Einfach loslassen ...

Hier hilft es Ihnen vielleicht auch, mal alles von der Seele zu schreiben - mal bös zu werden, zu sagen, was das Verletzende oder Bremsende ist -, und dann verbrennen Sie diesen Zettel. Das ist ganz wichtig, denn es erlaubt Ihnen beim Schreiben ganz ehrlich und offen zu sein - es ist ja nur für Sie und danach wird es verbrannt und hat niemandem wehgetan.

Und wenn Sie hinfühlen, bemerken Sie vielleicht bald, wie die Energiespender wieder bewusster werden!

3. Atmen, Atmen, Atmen

Nehmen Sie einen der wesentlichsten Rhythmen, die uns zur Verfügung stehen zu Hilfe: Ihren Atem. Der klappt von selbst und wenn Sie sich ihm anvertrauen, kann er eine wunderbare Reinigungs- und Kraftquelle sein.

Einfach mal bewusst mehrmals hintereinander gaaaanz tief ausatmen: Das hilft beim Loslassen, Reinigen, Freiwerden ... Und dann in Ihre Mitte einatmen – so tief wie möglich. Das stärkt, baut auf, beruhigt ...

Wenn Sie mögen, können Sie sich eigene Mantras zu den verschiedenen Atemrichtungen einfallen lassen. Zum Beispiel beim Ausatmen: ich bin frei/rein/leicht. Und beim Einatmen: Ich bin ruhig/gelassen/stark.

Versuchen Sie diese Übung mal zum Start eines Arbeitstages oder vor einem komplizierten Gespräch: Ihr kreativer Geist wird es Ihnen mit vielen sprühenden, unerwarteten Ideen danken.

Lebe!

Geist ist und will leben

Ich will leben
Und mich an jedem Tag freun
Ich will alles geben
Und ich hab 'ne Menge Spaß dabei
Ich will leben
Bis an meine Grenzen gehn
Ich will nichts versäumen
Nichts verschweigen und nichts übersehn.

Ich will an die Zukunft glauben, ohne blind zu sein
Mir ab und zu erlauben, wieder Kind zu sein
Den Traum erleben, der mich jede Nacht weckt
Ich will von Herzen lachen und von Herzen explodieren
Will Fehler machen und es gleich noch mal probiern
Und darf weinen, wenn das Leben bitter schmeckt.
Peter Maffay

Wenn es nicht ums Leben geht, worum sollte es denn dann gehen? Um immer mehr, schneller, größer, stärker? Egal was, egal wofür ... Unsere Gesellschaft steht seit Jahrzehnten auf den Fundamenten einer auf Wachstum ausgerichteten Wirtschaft, in der

Wachstum und »mehr« als Verbesserung, als besser und gut gelten. Unsere Werte geraten leicht und zunehmend unter dieses flache Denken von höher, weiter, besser. Wenn all dies Verbesserung bringen soll, warum stellt sich dann keine wirkliche Zufriedenheit ein? Wir haben immer deutlicher genug davon. Kann das alles gewesen sein? Nein – da rührt sich unser Widerstand und die Trotzmacht! Es geht ums Leben, um UNSER Leben, nicht um uns als »Faktor Mensch« oder uns in unseren Rollen oder unsere berechnete und vermessene Leistung. Wir spüren, da bleibt etwas auf der Strecke, das sich nicht in Produkte oder Faktoren aufschlüsseln und verwerten lässt. Es geht um Leben in seiner ganzen Fülle und mit all seinen Hindernissen. Es geht doch, wie es STS einmal singen, um ein »Leben ohne Kompromiss«.

Und ich meine damit nicht ein oberflächliches Leben, einfach so in den Tag hineingehen, als ob es kein Morgen gäbe. Leben ist für mich Lebendigkeit, Wachstum, Genuss, aber auch Reifen. Leben hat – wir erleben es immer wieder – seine Grenzen. Und ich wage zu sagen, ohne diese manchmal mehr und manchmal weniger spürbaren Grenzen würde unsere Lebensenergie sich verlaufen, verpuffen, zerrinnen. Antwort zu geben auf das Angebot des Lebens, verantwortlich umzugehen mit diesem Geschenk, ist unser Auftrag.

»Tod, schleudere mich nicht in dein Feld, bevor ich ein guter Same geworden bin! …« Dieses Zitat von Isaak von Antiochien aus dem 5. Jahrhundert mag fürs Erste seltsam klingen, aber vielleicht ist es heute mehr denn je bedeutend und kann als wichtiger Impuls aus unserer gewachsenen Kultur, unserer langen Geschichte wieder in unsere Gedanken finden.

Leben ist Reifen und Sterben, ist der Anfang von etwas Neuem. Wir beobachten diesen Zyklus jedes Jahr in der Natur, und wir könnten ihn auch so gut für uns nutzen und ihn noch mehr wahrnehmen, als wir es tun. Uns sind viele Rituale abhandengekommen, diesen Rhythmus aus Sterben und neuem Leben wahrzunehmen.

Gerade Frauen haben diesen Rhythmus ja in sich eingeschrieben. Doch auch die monatlichen Wechsel von Aufbau und Abbau, von Fruchtbarkeit und Sterben haben keinen Raum mehr. Die Werbung macht deutlich, dass es darum geht, Mittel zu finden, die Stimmungsveränderungen und körperlichen Bedürfnisse auszugleichen, unsichtbar zu machen.

Wir haben den Gang mit den Jahreszeiten fast verlernt. Wir klagen noch gerne über zu heiße Sommer oder lange Winter … Wir gehen auch über die Phasen der Übergänge in unserem Leben oft achtlos hinweg und würdigen so auch diese Lebenserfahrungen für uns so wenig. Maximal zu Events und Partys dienen Geburtstage, Erwachsen werden, in Rente gehen … Selbst der Eintritt ins Leben und das Gehen aus diesem Leben werden abgeschoben in klinische Sterilität, wo wir Verantwortung abgeben und vielleicht störende Emotionen unterbinden können. Ich meine, wir nehmen uns dadurch die Chance, unsere Kraft, diese Phasen des Lebens wahrzunehmen und Raum zu geben.

Leben und Sterben, Blühen und Ernten, Gesundheit und Leid – sie stehen so nahe beieinander. Aber leider – das meine ich ganz bewusst – haben wir diesen Gedanken in unserer schnelllebigen, aufgeklärten Welt ziemlich gut verdrängt.

Wir brauchen einen Umgang mit dem Tod und Erfahrungen des Abschieds und des Endes – nicht damit wir ihn akzeptieren lernen, sondern damit er uns wieder näher an unser Leben bringt. Jetzt, hier, in uns. Wir alle erleben immer wieder Momente, die ein Sterben beinhalten – einen Abschied, einen Verlust, eine Depression. Und es braucht auch diese Zeiten, in denen wirkliche Ruhe herrscht.

In der Natur erleben wir dies im Winter – alles Lebendige zieht sich zurück. Gerade die Bäume geben kaum mehr Lebenszeichen. Das Leben begibt sich nur in eine Ruhephase, nur um mit erneuerter Kraft und dem Geschenk der neuen, unverbrauchten Energie wieder aufzuschießen, die dunklen engen (Schutz-)Hüllen der Knospen zu sprengen.

Die Trotzmacht des Geistes

Für mich liegt hier auch eines der tiefen Geheimnisse des Osterfestes, wie wir es in den christlichen Traditionen begehen. Nach dem Tod, dem menschlichen Sterben herrscht Ruhe, Grabesruhe. Doch das Wesentliche, der Geist, kann nicht sterben. Er lebt im Tod weiter und seine Kraft ist so groß, dass er nach drei Tagen das Grab sprengt. Die scheinbar geltenden Kräfte drehen sich um. Nicht der Tod regiert, sondern das Leben. Martin Luther übersetzt eine Strophe der Ostersequenz ganz wunderbar: »Es war ein wunderlicher Krieg, da Tod und Leben rungen, das Leben behielt den Sieg, es hat den Tod verschlungen.«

Leben will in seiner ganzen Fülle gelebt werden und mit unserer geistigen Dimension dürfen wir darauf vertrauen, dass auch nach Durststrecken oder mitten in der Dunkelheit lebendige, dynamische, kreative und lichtvolle Impulse aus uns, aus unserer Tiefe kommen. Uns darauf zu besinnen, das Vertrauen dazu zurückzugewinnen, das wünsche ich vielen, ja allen.

Es mehren sich die lebensverneinenden, lebensfeindlichen, die lebensbedrohlichen Einflüsse in unserer Gesellschaft. Das Zuviel an Anforderung, das Aufladen der Zeit mit unzähligen Aktivitäten, das schnelle Agieren und Reagieren sind die eine Seite. Auf der anderen Seite warten vermeintlich gesellschaftliche Zwänge, der Statusdruck, der schon in den Schulen beginnt. Es warten Aufgaben, die tendenziell immer größer werden, immer belastender und zudem immer unmöglicher zu lösen sind.

Dieses Konglomerat an Anspannung und lebensfeindlicher »Energie« kennen viele Menschen. In unser SinnZentrum kommen dementsprechend vermehrt Menschen, die der Lebensmut verlässt oder deren Sehnsucht nach Leben verschüttet scheint.

Unser Geist, das spüre ich persönlich ganz deutlich und das ist mir so wichtig, es Ihnen auch hier weiterzugeben, ist Leben und will leben.

Solange wir in diesem Leben sind, brennt ein Feuer in uns. Das gibt uns die Kraft, in dem Moment die Richtung zu ändern, wenn es notwendig ist. Dieses Feuer führt uns weiter, wenn wir glauben, keinen Mut mehr zu haben für den nächsten Schritt. Wenn uns die Dunkelheit einholt und wir den Weg aus dem Chaos nicht mehr finden, dann ist es wunderbar zu wissen, dass uns der Geist Türen öffnet, unseren Blick weitet, das Leben wieder spürbar werden lässt. Er lässt uns nicht in Ruhe, wenn wir drohen, stecken oder liegen zu bleiben. Er feuert uns an, weiterzugehen, aufzubrechen und Neues zu entdecken.

Ich weiß, dass wir Menschen manchmal kein Licht mehr sehen, keine Lust mehr verspüren, lieber im Schmerz verharren wollen. Aber: Schleudern wir damit das Leben nicht einfach weg? Wir haben einen Geist, der leben will, der Wert und Sinn entdecken, erfüllen und realisieren will. Wir haben einen wohlmeinenden Imperativ in uns, einen Antreiber, einen eingebauten Coach, der immer wieder ruft: »Lebe, lebe!«

Wir lieben das Leben! Aber wenn wir entdecken, dass das Leben noch viel mehr uns liebt, dann verändert sich plötzlich die Perspektive. Ich bin überzeugt davon, dass das Leben es gut mit uns meint.

Diesen Satz habe ich in meinem ersten Buch formuliert und er ist und bleibt so wichtig für mich. Denn in mir brennt das Feuer, das mich durch diese Welt begleitet. Und seien Sie versichert, auch ich bin nicht nur bei Sonnenschein unterwegs. Ich kenne wie viele von Ihnen das Dunkle, die Traurigkeit, die Momente, in denen mich der Mut verlässt und alles scheinbar ausweglos wird. Auch ich kenne das Verharren im Schmerz und das kraftlose Warten auf Änderung.

Denken Sie nochmals an das Bild vom Weizensamen, der reif werden will, bevor er stirbt. Ich will da anschließen und Ihnen ein weiteres Bild geben. Der Trieb eines Zypressensamens kann sich wohl kaum vorstellen, einmal an der Spitze einer 50 Meter hohen Zypresse anzukommen, aber er macht weiter, er wächst und wächst. Gegen Sturm, Eis und Frost. Er lebt.

Irgendwann kommt mir dann immer mal wieder Viktor Frankls Satz in den Sinn, mit dem er die von ihm formulierte »Trotzmacht des Geistes« so humorvoll ausdrückt: »Man muss sich von sich selbst nicht alles gefallen lassen!«

Dann schaffe ich es, zu meinen negativen Erfahrungen, Gedanken und Gefühlen auf Distanz zu gehen, vielleicht sogar einen Moment über mich zu lächeln und die Tür zum Leben wieder einen Spalt aufzustoßen. Wie zitierte ich doch Cohen im vorherigen Kapitel: »There is a crack in everything …«

Das Leben ist neben der Liebe, über die ich noch sprechen werde, eine der beiden großen Urkräfte in dieser Welt. Es entwickelt, kreiert, lässt gedeihen und umgibt uns mit einem Feld aus Energie, Freude und Lust auf das Leben selbst.

Das Leben steht nicht zwischen den Polen Leben oder Tod. Beides gehört dazu! Loslassen und annehmen, wachsen und kleiner werden, sammeln und verlieren – es gibt für alles eine Zeit, wie schon der Prophet Kohelet schreibt. Doch es hängt davon ab, worauf wir uns konzentrieren, welcher Kraft wir uns zuwenden, ob wir lieber das Sterben oder das Leben wählen. Aber vergessen wir nie: Der Geist in uns will leben! Er begleitet uns mehrdimensional, vielschichtig, flexibel und nährt uns. Dadurch sind und bleiben wir lebendig. Das führt uns der Geist immer vor Augen, berührt unser Herz und lässt unseren ganzen Körper lebendig werden. Egal in welcher Lebenslage wir uns befinden. Freude oder Leid? Beides ist Leben. Lust oder Frust? Beides ist Leben. Und wir bleiben immer die Dompteure, die Steuermänner, die sich entscheiden dürfen, die dem Leben Antworten geben dürfen und die mit jeder kleinen Antwort (wieder) mitten ins Leben eintauchen können.

Für manch einen fühlt sich das wie eine Bedrohung an, eine zu große Aufgabe, die gerade nicht gelöst werden kann und deswegen das Gefühl der Unzulänglichkeit und Überforderung noch verstärkt.

Doch noch einmal: Verlust von etwas Liebgewonnenem oder gar der Tod und alle Gefühle, die damit einhergehen, zeigen uns unsere Grenzen auf. All das sind Begegnungsorte mit unserer Begrenztheit. Manchmal können wir uns nicht einmal auf sie vorbereiten, gehen wir nicht auf sie zu, sondern werden dorthin geschleudert. Dann wissen wir lange nicht, wo wir sind und wie es weitergehen kann. Aber sie bleiben nie ein Standpunkt, von dem wir uns nicht auch wieder fortbewegen können. Wir leben mit und trotz der Trauer, dem Verlust, mit und trotz des Schmerzes, der Einsamkeit. Das gehört zu unseren Lebensaufgaben.

Natürlich darf ebenso ein »Ich mag nicht mehr ...« in unserem Leben sein. Selbstverständlich haben wir auch ein Recht auf Resignation. Ja, es gibt Depression und Suizidalität.

Aber auch hier gilt: Resignation ist kein Standpunkt, sondern ein Ort, an dem wir handeln können. Resignare heißt neu unterschreiben. Das heißt immer wieder neu zu uns und unserem Leben stehen.

Hermann Hesse sagt so schön: »Ich wollte nur das Leben leben, das von selber aus mir heraus wollte.«

Lassen wir das Leben leben, auch wenn wir es kaum mehr spüren. Lassen wir es zu! Der Geist in uns will mit uns im Dialog bleiben. Und wenn wir es selbst gerade nicht mehr schaffen, dann lassen wir unser Feuer wieder entfachen vom Feuer anderer. Das ist ganz aktiv gelebtes dialogisches Sein des Geistes (dazu war im Kapitel »Hey du!« ausführlich die Rede).

Dafür will ich leben

Daniela W. ist eine Frau, Mitte vierzig, in ihren besten Jahren. Gut aussehend, mit einem liebevollen Partner an ihrer Seite und zwei langsam erwachsen werdenden Söhnen. Seit einigen Jahren hat sie auch den Wiedereinstieg in ihren so geliebten Beruf in einer angesehenen Galerie geschafft. Sie liebt es, sich mit Menschen aus allen Gebieten der Kunst und des Geisteslebens auseinanderzusetzen, sie wird ob ihrer Kompetenz gerne als Rednerin bei Ausstellungseröffnungen eingeladen und freut sich, Menschen fördern zu können. Besonders ihr jüngerer Sohn scheint schon jetzt ihre Leidenschaft für Kunst zu teilen, und das macht sie besonders stolz. Ihr Mann, Redakteur für eine international agierende Wirtschaftszeitschrift reist sehr viel und sie kann ihn oft begleiten.

Und dann: Auf einer Reise bekommt sie Schwindelattacken, von denen sie sich nicht mehr erholt. Nach Hause zurückgekehrt, wird sie in der Maschinerie klinischer Untersuchungen fast aufgesogen. Plötzlich stellt sich alles infrage. Nichts ist mehr, wie es sein sollte oder zumindest hätte sein können ...

Endlich hat die Unsicherheit ein Ende, aber der Ausgang ist noch schlimmer: ein bösartiger Tumor im Kopf!

Die Gefühle fahren Achterbahn. Ihr Mann ist aus der Bahn geworfen, ratlos, zweifelnd an allem, was ihm wichtig schien. Ihre Söhne sind wie in Trance, versuchen zu verdrängen. Sie haben natürlich nie mit so einer Nachricht gerechnet und schon gar nicht gelernt, damit umzugehen. Das Umfeld aus Familie, Freunden und Beruf kann es nicht glauben. Sie selbst kann und will die Diagnose zuerst auch nicht akzeptieren. Lähmung macht sich breit. Über ihr bisher so buntes Leben legt sich ein grauer Schleier von Angst, Unsicherheit, Wut und Depression ... Am liebsten würde sie einschlafen und sollte sie je wieder aufwachen, erkennen, dass alles nur ein böser Traum war ... Über allem schwebt die bohrende Frage: Warum? Warum ich? Warum jetzt? War's das jetzt?

Die Therapien beginnen, ein Operationstermin wird vereinbart und auch der Kontakt mit komplementären Heilansätzen wird gesucht. Doch alle geben sich sehr zurückhaltend und es wird ihr möglichst deutlich vermittelt, dass die Chancen schlecht stünden.

Eine Freundin schickt ihr einen Dokumentationsfilm über spontane Heilungen, in dem über einen Menschen berichtet wird, der durch das Hören eines Musikstücks wieder Mut bekommt. Da sie neben der bildenden Kunst auch Musik so liebt, macht sie das aufmerksam. Und sie beginnt neuen Mut zu schöpfen. Vielleicht gibt's auch für sie einen neuen Weg?

In diesen Wochen kommt Daniela zum ersten Mal zu mir. Wir unterhalten uns über den immer gesunden Geist im Menschen, über die lebendige Dynamik in uns, über das Unerwartete und Kreative, das in uns allen wohnt. Fast ungläubig sieht sie mich an und ich verstehe mich ganz plötzlich als Botschafter oder Zeuge einer »anderen« Welt. Als einer der mit Be-GEIST-erung eintritt für die Dynamik des Lebens, für den Mut und die Trotzmacht. Ich versuche, bekannte Floskeln zu vermeiden und einfach durch meine tiefe Überzeugung Hoffnung auszustrahlen. Ganz behutsam versuche ich sie zu begleiten, ihr Mut zu machen, ihr Leid ernst zu nehmen, aber nicht ins Mitleid zu verfallen. Das scheint ihr gutzutun.

Die Musik, die sie nun ganz bewusst zu hören beginnt, wirkt keine Wunder, aber sie lässt sie ruhiger werden. Wenn die Angst und der Zweifel hochkommen, hat sie nun ein Mittel gefunden, wieder »zu sich« zurückzukehren.

Und ganz langsam kommen die Impulse aus unseren Gesprächen an. Sie beginnt eine Wendung von der bohrenden Frage des »Warum?« zur öffnenden Frage des »Wofür?«.

Und wie sie berichtet wirklich überraschend, ja ganz plötzlich schießt ihr der Gedanke ein: Ich will leben! Für meine Kinder, für meinen Mann, für das Schöne, das auf mich wartet, für die Begegnung mit Menschen, für, für, für …

Eine Welle an Lebenskraft und vor allem Lebenswillen kommt hoch und macht ihr Mut. Klar, die nötige Chemotherapie belastet sie sehr, doch die Operation kann – nach Wochen des Bangens und Hoffens – abgesagt werden. Sie erholt sich viel schneller, als die Ärzte das vermutet hätten.

Meinen Hinweis, sich doch jeden Tag in der Früh zwei kleine Punkte aufzuschreiben, wofür sie heute leben will, verfolgt sie mit großem Eifer. In einigen Wochen hat sie ein kleines »Schatzbüchlein«, wie sie es nennt, zusammengetragen, mit ganz vielen kleinen und größeren Wofürs. Ein Spaziergang mit einem der Söhne, ein Gespräch mit einer Freundin, ein gutes Essen mit ihrem Mann, auch wenn sie durch die Chemo noch kaum etwas schmeckt – die gemeinsame Zeit ist ihr Lebenskraftelixier.

Und ganz ohne meinen Hinweis beginnt sie eines Abends dieses Büchlein zu ergänzen mit Notizen wofür sie heute dankbar ist. Ein Blick auf die ziehenden wunderschönen Wolken am Himmel, die Erinnerung an eine Begegnung, das aufbauende Gefühl beim Hören einer neuen Interpretation eines Stückes ihres Lieblingskomponisten …

Ihr erstes großes Ziel ist es, am Maturaball ihres älteren Sohnes wieder tanzen zu können. Vor wenigen Monaten hätte das niemand geglaubt. Sie will aber ihre Lebensfreude austanzen, wie sie sagt – und ihre Augen strahlen! Fast stiehlt sie ihrem Sohn die Show bei diesem Ball …

Die Gespräche mit Daniela sind nun Jahre her. Ihr Tumor ist nicht wiedergekehrt. Und noch immer steht sie jeden Morgen auf mit dem kurzen Gedanken: Wofür heute? Für meine Freude und Lust am Leben!

»Nicht wir stellen die Fragen an das Leben, sondern das Leben fragt uns!«, sagt Viktor Frankl. Und wir sind aufgefordert, unsere eigenen Antworten zu geben, durch und in unseren Antworten lebendig zu werden. Ständig finde ich mich in den Situationen meines Lebens als ein Befragter, ein Heraus-Gerufener, ein Geforderter. Doch eher als eine Frage ist es ein Ruf. Ein Ruf zum Lebensmut: Komm! Lebe! Ich will leben und bis an meine Grenzen gehen – so schreibt und singt Peter Maffay. Unser Leben ist sooooo weit und leider begrenzen wir uns selbst so oft. Klar, es gibt sie die Bedingtheiten, die uns als Barrieren begegnen. Doch haben Sie Mut, überspringen Sie wo immer nur möglich die Mauern Ihrer Kleingläubigkeit: Ihr Geist ist das Sprungbrett und das Sicherheitsnetz! Es zahlt sich aus!

 Und die Affen?

Die Affenstimmen in uns, die uns permanent erzählen wollen, wie mies und unzureichend unser Leben ist oder wie aussichtslos eine Situation scheint – diese Affenstimmen lassen wir mal mit Nachdruck verstummen und schicken sie raus zum Spielen.

Wir tauschen die inneren Zweifler gegen die beherzten Lebens-
bejaher. Vielleicht gibt's ja einen Affen, der uns zeigt, wie wir
Hindernisse umgehen oder überspringen können.

Mit dem Potenzial des Lebens gibt es keinen Grund, vor Angst
starr sitzen zu bleiben und auch nicht blindlings draufloszu-
rennen.

Meine These GEIST IST LEBEN UND WILL LEBEN ganz kompakt

Geist ist und will leben im Hier und Jetzt, in dieser unserer
Welt, in Raum und Zeit. Wir brauchen uns also nicht zu sehr um
die Zukunft Sorgen zu machen, denn die kennt er schon, oder
uns an der Vergangenheit zu sehr festmachen, denn diese hat
er überwunden.

Das heißt nicht, dass wir uns nicht kennen sollen, in allen
Phasen unseres Lebens, aber in keiner sollten wir hängen bleiben. Immer wieder sind wir aufgefordert, im Hier und Jetzt zu
leben. Geist will uns in diese unsere Gegenwart holen.

Dieser Geist, der leben will, ist die Kraft gegen die Langeweile
und die Gleichgültigkeit, die beiden »Ursymptome« für das
Fehlen von erfüllenden Werten und Beziehungen, für die Sinn-
krise, wie Frankl dies formuliert.

Aber noch mehr: Dieses Potenzial des Geistes ist die Kraft gegen die Angst und den Zweifel, gegen den Verlust und gegen
den Tod. Lebendiger Geist ist die »Trotzmacht« schlechthin,
wie wir sie immer wieder brauchen, um den Blockaden und
Leerstellen unseres Lebens zu begegnen.

Geist ist auch die Kraft des Überlebens. Eines Lebens, das über
unseren Horizont hinausreicht, das frei von Bedingtheit und

Grenzen ist. Ein Leben, das uns erfüllen möchte mit Freude und Liebe.

Wir sollen und dürfen Beratung und Therapie nicht verreligionen. Religion, so sagt Viktor Frankl, ist für die Logotherapie Gegenstand, aber nicht Standpunkt.

Meine Forderung ist: Wir sollten Therapie, wir sollten Leben spiritualisieren und mit Geist erfüllen. Sonst haben Therapie und unser Leben keine Kraft gegen den Tod. Es ist notwendig, uns dieser Kraft des Geistes immer wieder bewusst zu werden, damit sich unsere Not wendet und wir Not wenden können.

Carl Gustav Jung (1875–1961) sagt, die Seele ist »naturaliter religiosa« und erklärt: »Gott selbst hat die Seele vergottet.« Gott selbst hat unserer Seele einen Anteil gegeben, der leben will, der nicht untergehen kann.

Meine Impulse

1. Meine WOFÜR Schatzkiste

   Suchen Sie IHR Wofür – stündlich – täglich – immer wieder!!
   Legen Sie sich ein kleines Büchlein an, in dem Sie Ihre ganz persönlichen Wofürs immer wieder festhalten. Oder sammeln Sie kleine Karteikarten, dann fällt es leichter, mit der Reihenfolge zu spielen. Manchmal ist es wichtig, ein großes Wofür zu verfolgen, und manchmal kann man ein ganz kleines nach Zufallsprinzip rausnehmen, um einen guten Moment zu erfahren.

2. In mir strömt Lebenskraft

   Vielleicht können Sie sich mal auf die Erde legen oder barfuß den Boden, die Erde, das Gras spüren. Fühlen Sie ganz tief in

Ihre Wurzeln: Was will da keimen und leben. Lassen Sie sich Zeit. Auch eine Pflanze wächst nicht allzu schnell ...

Und dann fühlen Sie hinauf. Wohin zieht Sie das Licht, der zarte Regen, der feine Wind ... Was wollen Sie erleben? Trauen Sie sich bewusst Ihren eigenen Wachstumsprozess zu erspüren, wahrzunehmen und schließlich mitzugestalten!

3. Ruhe und Gelassenheit

   Üben Sie sich in Gelassenheit: Wenn Sie diese erst suchen, sobald es eng wird, ist es zu spät. Setzen Sie sich immer wieder an einen ruhigen Platz und lassen Sie mal einen Tag oder auch nur die letzte Stunde an sich vorüberziehen. Und versuchen Sie nichts zu bewerten, nur zu betrachten. Auch wenn es noch so aufregend oder mitreißend ist, was da auftaucht. Schauen Sie einfach nur und denken Sie: Interessant ....

Woooow!

Geist ist Liebe und will lieben

Ich weiß sicher,
dass es nur ein wahres Glück gibt,
und das ist die Liebe!
Alles andere kann erfreuen,
aber Wert hat es nur,
wenn es aus der Liebe stammt,
in ihr begründet ist.
Hildegard Burjan

I asked God if it was okay
to be melodramatic
and she said yes
I asked her if it was okay to be short
and she said it sure is
I asked her if I could wear nail polish
or not wear nail polish
and she said honey
she calls me that sometimes
she said you can do just exactly
what you want to
Thanks God I said

And is it even okay if I don't paragraph
my letters
Sweetcakes God said
who knows where she picked that up
what I'm telling you is
Yes Yes Yes
Kaylin Haught

Kein Gefühl dieser Welt ist mehr besungen, mehr diskutiert und mehr betrachtet als dieses eine, das wie ein lebendiger Fluss durch unsere Leben zieht: die Liebe.

Wohl auch deswegen, weil wir uns diesem großen Gefühl in unseren Beschreibungen immer nur annähern können, es sich als solches aber jeder Begrenzung auf Worte oder Darstellungen entzieht. Liebe ist ein großes Wort für eine viel größere Bedeutung in unserem Leben und nur ein Wort für viele Formen und Spielarten der Liebe.

»Erinnern wir uns zunächst an die Bedeutungsvielfalt des Wortes ›Liebe‹: Wir sprechen von Vaterlandsliebe, von Liebe zum Beruf, von Liebe unter Freunden, von der Liebe zur Arbeit, von der Liebe zwischen den Eltern und ihren Kindern, zwischen Geschwistern und Verwandten, von der Liebe zum Nächsten und von der Liebe zu Gott. In dieser ganzen Bedeutungsvielfalt erscheint aber doch die Liebe zwischen Mann und Frau, in der Leib und Seele untrennbar zusammenspielen und dem Menschen eine Verheißung des Glücks aufgeht, die unwiderstehlich scheint, als der Urtypus von Liebe schlechthin, neben dem auf den ersten Blick alle anderen Arten von Liebe verblassen. Da steht die Frage auf: Gehören alle diese Formen von Liebe doch letztlich in irgendeiner Weise zusammen, und ist Liebe doch – in aller Verschiedenheit ihrer Erscheinungen – eigentlich eins, oder aber gebrauchen wir nur ein und dasselbe Wort für ganz verschiedene Wirklichkeiten?«, schreibt Josef Ratzinger (Papst Benedikt XVI.) in der Einleitung zu seinem Lehrschreiben zur Liebe.

Ja, was ist denn das Wesen der Liebe? Können wir uns dieser Frage überhaupt nähern? Werden wir darauf je eine Antwort finden? Ich möchte hier jedenfalls den Versuch wagen, das Potenzial der Liebe, die für mich das Wesen und der Ursprung dessen ist, was ich mit Viktor Frankl Personaler Geist nenne, zu beschreiben.

Liebe lässt uns neue Wege finden, scheinbare Abgründe überbrücken und Sprünge vollführen, die weiter reichen als unsere Schatten. Liebe ist so groß und so unglaublich überwältigend, dass wir bisweilen lieber die Flucht ergreifen vor ihr, als sie willkommen zu heißen. Und dann kommt die Liebe wieder so klein, so zart und so sanft, dass wir sie fast übersehen oder zumindest sehr behutsam sein dürfen, um sie nicht zu verscheuchen.

Lieben ohne Vorbehalt, das wünschen wir uns, ohne Wenn und Aber, ohne Bedingtheit und Schuld, die Wertfülle und Möglichkeiten schauend.

Liebe in unserer menschlichen Form erleben wir in unserer Sehnsucht und unserem Finden.

Sehnsucht ist – weit mehr als unsere menschlichen Bedürfnisse – die treibende Kraft der Liebe, die das in mir Schlummernde erweckt, das Potenzial erkennt, das Wachsen startet. Wie ein Samenkorn, das Verbindung zu Wasser und Nährstoffen bekommt und dadurch wachsen kann, kann mein Ich, mein Wesenskern in der Verbindung zur Liebe zu wachsen beginnen.

Und diese unsere kleine Pflanze wächst, frei, achtsam, dynamisch, kreativ, dialogisch dem Licht entgegen, der Wärme, der Sonne. Das ist wiederum nur möglich durch die Kraft, die wir finden in dem Angebot des Lebens und der Liebe – hier im Bild der Sonne.

Wir sind ausgespannt zwischen dem Grund, woher wir kommen und wohin wir wachsen. Und beides ist Liebe.

Großartig und frei – verletzlich und zerbrechlich

Unser Geist ist das Prinzip, ist als solcher die Dimension der Liebe in uns. Aus ihr kommt er, durch sie wirkt er, in ihr will er lebendig werden – ja, Geist IST Liebe und Geist WILL lieben.

In der geistigen Dimension unserer Person haben wir teil an der ganz großen Dimension und Kraft der Liebe.

Sind wir verliebt, erfahren wir einen ersten Hauch der großen Liebe. Dann durchströmt sie uns und wir haben das Gefühl, als könnten wir die ganze Welt umarmen. In diesen Momenten wird diese große Dimension spürbar, leider nur bruchstückhaft und leider auch oft so vergänglich.

Und manchmal auch verrückt. Aus unserer vermeintlichen Mitte gerückt, hinterfragt und neu ausgerichtet. So verrückt, wie ich es durch den englischen Text zu Beginn zeigen wollte. Liebe sagt uns: Du bist okay, ganz egal, wie du bist.

Wie Sie inzwischen sicher erahnen, meine ich hier viel mehr als nur ein Verliebtsein und eine partnerschaftliche Liebe. Das Potenzial des Geistes ist viel größer und weiter, auch wenn es in der zwischenmenschlichen Liebe oft am deutlichsten spürbar ist. Denken Sie mal, wie viel Liebe wir erfahren bei, mit oder für Kinder. Oder auch die Liebe im Dialog mit einer wunderschönen Blüte oder im Blick eines Tieres.

Ganz egal ob wir Liebe schenken oder Liebe geschenkt bekommen, Geist ist Liebe und will lieben. Wooow! – ich kann immer wieder nur staunen über diese unendlich stärkende und wunderschöne Kraft unserer geistigen Dimension. Lieben ohne Vorbehalt, ohne Wenn und Aber, ohne Bedingtheit oder Schuld – das ist unser Anteil an dem einen großen Geist. In dieser Liebe schauen wir die Wertfülle, den Reichtum, die Möglichkeiten und unser Beschenktsein.

Und gleichzeitig tragen wir diesen Schatz der Liebe in zerbrechlichen Gefäßen, wie wir mit Paulus formulieren könnten. Es gilt behutsam, ja richtig zärtlich mit diesem großen Geschenk umzugehen. Wie kostbarstes Porzellan oder feinstes Tuch will es gepflegt und geschützt werden, wenn wir es für lange Zeit bewahren möchten.

Wir haben in unserer Sprache für all das Große, das ich zu beschreiben versuche, nur das eine Wort der Liebe. Manchmal hilft es sich zu besinnen, wie diese vielen Facetten der Liebe schon seit alters ausgedrückt werden: Da gibt es das Verschenkende (caritas) in einer Liebe, die sich nichts erwartet, um nur zu geben. Denken Sie an Sonnenstrahlen im Frühling oder einen zarten Sommerregen – Geschenke, die ausgeschüttet werden ohne jegliche Erwartung und Gegenleistung.

Auch gibt es das Teilende (agape), das sich in Freude verschenkt. Es ist das Teilen des Brotes bei einem gemeinsamen Essen oder das Teilen des Mantels zum Schutz eines Bedürftigen. Geteilte Liebe vermehrt sich ungemein schnell, wie durch sie ja auch Leid vermindert wird.

Ergänzt werden diese Kräfte der Liebe durch das Dienende (diakonia), das sich in Unterstützung einbringt. Ein Dienen, das nie herablassend oder fordernd wird, sondern Halt und Stütze bietet, wo es Not wendet.

Das Potenzial des liebenden Geistes erfahren wir auch in tiefer Freundschaft (philia) – nicht nur zwischen Menschen, auch zur Natur und der Welt des Kreativen und Sozialen. Treue und Aufrichtigkeit, Dauer und Offenheit werden hier lebendig erlebbar.

Und wenn uns die Kraft der Liebe so richtig packt, erkennen wir ihre Leidenschaft (eros) und die Sehnsucht nach Erfüllung. Im

Bild von Yin-Yang beschreiben wir diese fließende Hingabe und das Geschenk der Ergänzung.

Dieser Geist der Liebe hat die Kraft, aufzubauen und zu wachsen, in Dimensionen und Höhen, die uns fordern, manchmal herausfordern, aber nie überfordern. Sie baut Beziehungen, Gebäude, Gemeinschaften. Sie reißt aber auch das wieder ein, was oberflächlich, falsch oder überholt ist. Sie strebt nach dem, was man so treffend seit alters das Wahre, Schöne und Gute nennt – auch wenn wir dies in unserem Menschenleben nur annähernd fassen können. In Auseinandersetzung mit Kunstwerken, in intensiven Momenten und Begegnungen gibt es die raren, wertvollen Augenblicke, in denen wir diese Größe erahnen und spüren dürfen – und sie dann wieder ziehen lassen müssen.

Der Wille zum Sinn, als die von Viktor Frankl beschriebene Ur-Motivation des Menschen, der Wille zum sinnvollen Leben ist wunderbar. Der Wille zur Liebe aber ist Erfüllung – grenzenlos, uferlos, abgrundtief und himmelhoch. Richard Rohr beschreibt diese Erfahrung als ein »Fallen«, ein sich vertrauensvoll Einlassen und dabei die endlose Größe und Tiefe erfahren. Im Englischen heißt es ja sogar »to fall in love«. Diese Erfahrung des Fallens ist aber nicht beängstigend, denn es ist ja wohlmeinend, bejahend, uns als Ganzes und so wie wir sind annehmend und liebend.

Vertrauen und Zutrauen, Mut und Gelassenheit, Leichtigkeit und Dankbarkeit

Dies alles sind die Materialien und Werkzeuge, aus denen der liebende Geist seine Kunstwerke bildet. Der ungesunde Zweifel, das süchtige Eifern oder auch das übermäßige Wollen können Schädlinge sein, die diese tollen Kunstwerke des Geistes angreifen, aushöhlen und nur allzu leicht zerstören.

Doch keine Angst: Am Ende bricht ihre Kraft durch alle Blockaden hindurch, denn die Liebe wird und will lebendig sein – die
Liebe hört niemals auf (1 Kor 13)!

Eines noch: Viktor Frankl beschreibt die Leidensfähigkeit als
größte Kraft des Menschen, sein oft unabänderliches Schicksal zu
überwinden. Ich kann dies nur bestärken, behaupte aber nach-
drücklich, dass dahinter unbedingt und frei die Liebesfähigkeit
als Kraft unseres Geistes stehen muss. Ohne Liebesfähigkeit, ohne
den klaren Blick auf das Wofür, hält die Leidensfähigkeit nicht
durch und droht in Selbstmitleid oder Masochismus abzusinken.
Erst die Liebe gibt dem Leiden eine Richtung, ein Ziel. Erst durch
die Kraft der Liebe kann Zerbrochenes wieder heil, Unvollstän-
diges wieder ganz gemacht werden.

Dies alles in einem Fallbeispiel zu beschreiben scheint mir hier
zu platt und zu kurz greifend. Ich kenne die schönen und die tra-
gischen Beispiele partnerschaftlicher Liebe, die gelungenen und
fehlgeschlagenen Beziehungen zwischen Eltern, Kindern, Freunden, Kollegen, die aufbauende und fehlgeschlagene Liebe zu Tie-
ren und zur Natur. Aber das wäre zu wenig. Deshalb folgt hier kein
Fallbeispiel, aber ein Text aus einer anderen Perspektive. Ich
möchte Ihnen einen wunderbaren Text des libanesisch-amerika-
nischen Philosophen und Dichters Khalil Gibran vorstellen:

Wenn die Liebe dir winkt

*Wenn die Liebe dir winkt, folge ihr, sind ihre Wege auch schwer und
steil.*
Und wenn ihre Flügel dich umhüllen, gib dich ihr hin,
*Auch wenn das unterm Gefieder versteckte Schwert dich verwun-
den kann.*

Und wenn sie zu dir spricht, glaube an sie,
auch wenn ihre Stimme deine Träume zerschmettern kann
wie der Nordwind den Garten verwüstet.

Denn so, wie die Liebe dich krönt, kreuzigt sie dich.
So wie sie dich wachsen lässt, beschneidet sie dich.
So wie sie emporsteigt zu deinen Höhen
und die zartesten Zweige liebkost, die in der Sonne zittern,
steigt sie hinab zu deinen Wurzeln
und erschüttert sie in ihrer Erdgebundenheit.

Wie Korngarben sammelt sie dich um sich.
Sie drischt dich, um dich nackt zu machen.
Sie siebt dich, um dich von deiner Spreu zu befreien.
Sie mahlt dich, bis du weiß bist.
Sie knetet dich, bis du geschmeidig bist;
Und dann weiht sie dich ihrem heiligen Feuer,
damit du heiliges Brot wirst für Gottes heiliges Mahl.

All dies wird die Liebe mit dir machen,
damit du die Geheimnisse deines Herzens kennenlernst
und in diesem Wissen ein Teil vom Herzen des Lebens wirst.

Aber wenn du in deiner Angst nur die Ruhe und die Lust der Liebe
suchst,
dann ist es besser für dich, deine Nacktheit zu bedecken
und vom Dreschboden der Liebe zu gehen.
In die Welt ohne Jahreszeiten,
wo du lachen wirst, aber nicht dein ganzes Lachen,
und weinen, aber nicht all deine Tränen.

Liebe gibt nichts als sich selbst und nimmt nichts als von sich selbst.
Liebe besitzt nicht, noch lässt sie sich besitzen;
Denn die Liebe genügt der Liebe.

Und glaube nicht, du kannst den Lauf der Liebe lenken,
denn die Liebe, wenn sie dich für würdig hält, lenkt deinen Lauf.
Liebe hat keinen anderen Wunsch, als sich zu erfüllen.

Aber wenn du liebst und Wünsche haben musst, sollst du dir dies
wünschen:
Zu schmelzen und wie ein plätschernder Bach zu sein,
der seine Melodie der Nacht singt.

Den Schmerz allzu vieler Zärtlichkeit zu kennen.
Vom eigenen Verstehen der Liebe verwundet zu sein;
Und willig und freudig zu bluten.

Bei der Morgenröte
mit beflügeltem Herzen zu erwachen
und für einen weiteren Tag des Liebens dankzusagen;
Zur Mittagszeit zu ruhen
und über die Verzückung der Liebe nachzusinnen;
Am Abend mit Dankbarkeit heimzukehren;
Und dann einzuschlafen
mit einem Gebet für den Geliebten im Herzen
und einem Lobgesang auf den Lippen.
Khalil Gibran

Wir erleben mehr, als wir begreifen. So formuliert Hans-Peter Dürr, seine These, dass unser Wissen zwar immer größer wird, aber doch gleichzeitig unvollkommen bleibt. Wirklich große Erfahrungen können wir nur über unser Erleben aufnehmen. Das Gefühl, geliebt zu werden und auch zu lieben, wird immer größer und auch geheimnisvoller sein, als alles, was wir uns dazu ausdenken, anlesen oder erzählen lassen können.

Liebe ist für mich das Potenzial unseres Geistes. Auch wenn wir unseren Geist nie ganz fassen können und nie alle Potenziale nutzen, lassen Sie sich darauf ein, dass diese Kraft in jedem Menschen und jetzt gerade durch Sie in dieser Welt wirksam wird.

Am Schluss der immer zu knapp bleibenden Betrachtung dieses so großen Gefühls will ich Ihnen ein Zitat von Johann Wolfgang von Goethe mitgeben, das für mich die Kraft hat, alles zusammenzufassen und über allem zu leuchten: »Denn das Leben ist die Liebe. Und des Lebens Leben Geist.«

 ## Und die Affen?

Aufgeweckt aus ihrer oberflächlichen Gleichgültigkeit werden sie auch in Sachen Liebe aktiv. Ob und wie sie unsere Dimension der Liebe fühlen und leben, wissen wir nicht. Aber wenn uns die Liebe erwischt, sind sie voll dabei und wir fühlen uns bisweilen vom wilden Affen gebissen.

Doch wohlwollend betrachtet, gibt es die einen, die uns ermutigen, und die anderen, die ihre zweifelnden Kollegen vertreiben. Sie nehmen uns bei der Hand und sprechen uns Mut zu:

Trau dich!
Lass es zu!
Hab dich selber lieb!

Und schau, du bist immer liebenswert
und liebenswürdig.
Du hast und bist Liebe!

Meine These GEIST IST LIEBE UND WILL LIEBEN ganz kompakt

Liebe ist die Grundkraft der Schöpfung und des Lebens. Alle Kulturen sehen darin das Zentrum und den Dreh- und Angelpunkt menschlichen Seins und der Erfahrung von Sinn.

Lieben heißt, mich, den anderen, die Welt sehen, wie sie gemeint ist, wie er, sie oder es sein könnte. Lieben heißt Freisetzen von Potenzial, Anstoßen von Resilienz, Aktivieren von Salutogenese.

Liebe, die das Mögliche und nicht das Faktische sieht, ist immer Geschenk und Gnade, so Frankl.

An den Geist des Lebens und der Liebe, der im Wesen unversehrt in uns lebt, an diesen Geist, so wie ich ihn zu beschreiben versucht habe, glaube ich. Glauben, nicht als Religion oder gar Konfession, sondern in meinem Urvertrauen, in meinem Gewissen, in meinem Urwissen. So schreibt Søren Kierkegaard: »Unter Glauben verstehe ich hier (mit Hegel) die innere Gewissheit, die die Unendlichkeit vorwegnimmt.«

Geist ist Liebe und Geist will diese Liebe leben. Trotz und gegen Angst, Verlust, Verzweiflung, Trauer und Einsamkeit.

Das Hohelied schreibt: »Liebe ist stark wie der Tod!« Ich bin überzeugt, seit Ostern dürfen wir sagen: Liebe ist stärker als der Tod! Und daraus folgt mit großem Nachdruck, auch wenn wir es manchmal bezweifeln: »Wahre Liebe vertreibt die Angst!« (Hohelied Kap. 8, Vers 6)

Meine Impulse

1. Die darstellende Kunst der Liebe

   Haben Sie schon mal versucht, ein Gedicht zu schreiben oder ein Bild zu malen? Jetzt wäre die Gelegenheit dazu. Lassen Sie mal alles fließen und geben Sie Ihren Gefühlen Ausdruck. Haben Sie keine Angst, niemand bewertet Sie. Es ist ganz für Sie! Und Sie haben unendlich viele Versuche frei.

2. Zärtlichkeit ist eine Facette der Liebe

   Zärtlich können wir sein, weit über körperliche Berührungen hinaus. Lassen Sie mal Ihren Blick zärtlich über den Baum vor Ihrem Fester streichen. Oder lauschen Sie zärtlich dem Spiel des Windes. Auch Alltägliches, wie vielleicht das Leeren des Geschirrspülers, kann Ihnen helfen, Ihre Zärtlichkeit zu üben.

   Zärtlichsein macht achtsam für das Kleine, das sonst Unscheinbare, das Verborgene. Wenn es Ihnen gelingt, manches von dem zu entdecken, dann bekommt Ihr liebender Geist Nahrung und Werkzeug zugleich. Sie glauben's nicht? Versuchen Sie's mal!

3. Trauen Sie sich zu lieben!

   Liebe will gelebt werden! Immer wieder neu, immer wieder anders, immer in Beziehung, kreativ und dynamisch. Das ist das Grundrezept für ein erfülltes Leben.

   Wenn Sie diese Zeilen lesen, halten Sie inne, heben Sie den Blick: Wen oder was könnten Sie denn jetzt ein wenig mehr und intensiver und zärtlicher und neugieriger lieben? Nur Mut!

Epilog

Lebe dein Leben – mit und ohne Affen!

Wenn die Übereinstimmung von innen und außen gelingt,
beruhigt sich das Auge,
das Herz schlägt freudig erregt schneller –
allein der Anblick eines solchen Gegenübers regt an, bewegt.
Es wirkt, als wollte auch der Geistige Kern konkret werden,
sich ins Getümmel der Welt bewegen, leben und lieben
mit Haut und Haar.
Diese Wirkkraft schlüpft in vielfältige Gestalt – Pflanzen,
Tiere, Kunst etc., auch in Menschenkleid – elegant, erdig,
leicht, bunt …
immer stilecht und in passender Größe.
Stehen wir damit in Berührung, werden wir wirklich lebendig,
individuell, strahlend, immer wieder neu und letztlich Abbild
einer tragenden Gewissheit – der Liebe.
Mit ihr im Innersten verbunden können wir in Leichtigkeit
und Lebendigkeit durch die Welt gehen.
Von ihr getragen sind wir nackt, doch nicht bloßgestellt.
Bauen wir auf sie, bewegen wir uns auf gutem Grund.
Nicht immer haben wir den Mut, ihren Impulsen zu folgen.
Das ist schade, aber menschlich.
Und doch wird sie nie zögern, uns ihr letztes Hemd anzubieten.
Karin Grössenbrunner

»Das Menschliche Leben ist unmöglich«, schreibt die schon zitierte Simone Weil.

Es ist schier paradox, dass wir einerseits so hineingeworfen sind in das Chaos der Welt, in das Geschrei der Affen, in die Dualität des Hier und Jetzt und andererseits auch, dass in uns etwas lebt, das all dieser Spannung trotzt.

Wir tragen in und mit uns einen Ruhepol, der uns immer wieder zu uns kommen lässt, der die Affen vertreibt und der uns Mut macht, uns erneut der Leichtigkeit und Freude des Lebens hinzugeben.

Dieser Ruhepol, den ich den Geist in uns nenne, ist der größte Schatz, den wir haben, das tollste Geschenk, es ist höchste Potenzialität. Potenzialität, übertragen im Sinne der modernen Physik, als die Kraft, die Wirkung hat, wenn wir sie zulassen, wenn wir sie einsetzen, wenn sie durch uns lebendig wird.

Mein Versprechen

Oben habe ich geschrieben, der Geist ist es, der mit uns in dieser Welt etwas erleben möchte. Er will Erfahrungen sammeln, aufmerksam und frei, schöpferisch und im Dialog. Durch uns will sich unser Geist einbringen, in eine Welt die nicht heil ist, aber, um nochmals Frankl zu zitieren, heilbar!

Es ist mir ernst! Glauben Sie an die Wirklichkeit, die Potenzialität Ihres Geistes und daran, dass diese Sie, die Welt um Sie und die Welt als Ganzes verändern, retten und heilen kann. Unsere Sehnsucht danach ist, zumindest wenn wir aufmerksam und wach sind, immer da und immer größer werdend. Viele Heilsversprechen gibt es, und mit der Angst der Menschen lässt sich gutes Geld machen.

Mein »Heilsversprechen« ist: Sie haben alles, was Sie brauchen, in sich! Und das, was Sie nicht allein schaffen, schafft Ihr Geist im kreativen Dialog mit seinem Ursprung, dem Großen Geist, dem Übersinn – ich nenne es Gott.

Ich möchte Ihnen hier noch eine Imagination – eine Reise zu den inneren Bildern unseres unbewussten Geistes vorstellen. Im SinnZentrum haben wir die Arbeit mit inneren Bildern, wie sie seit Jahrtausenden Menschen in Tag- und Nachtträumen mehr oder weniger bewusst begleitet, an unsere Ansprüche angepasst und verfeinert. Immer wieder dürfen wir staunend miterleben, welche heilenden Tiefen in uns allen verborgen sind.

Stacheldraht ums Herz

Georg, Mitte fünfzig, ist glücklich verheiratet, die Kinder schon in weiterführenden Ausbildungen außer Haus, sein kleines Unternehmen wirft genug Gewinn für ein sorgenfreies Leben ab.

Trotzdem fühlt er sich nicht wohl. Er verspürt eine innere Unruhe. Manchmal kommen sogar Angstattacken hoch. Mit seiner Frau ist das Verhältnis ständig gespannt und seine Mitarbeiter beginnen ihm aus dem Weg zu gehen. Da er schlecht und wenig schläft, Schweißausbrüche und ein beklemmendes Gefühl im Brustkorb hat, sucht er seinen Arzt auf. Dieser schickt ihn gewissenhaft zu verschiedenen Untersuchungen, aber körperlich ist nichts feststellbar. Da ist er ganz gesund. In einem halb öffentlichen Vortrag, bei dem ich mit dem ganzen Saal eine Übung mit den »Affen rausschicken« und anschließender Meditation angeleitet hatte, hat er mich sprechen gehört. Einige Wochen später sitzt er mir in meinem Beratungszimmer gegenüber.

Nach einem ausführlichen Gespräch bitte ich ihn, seine Augen zu schließen, mal ganz ruhig auf seinen Atem zu achten und alle Impulse des »Monkey-Minds« ganz ruhig immer wieder wegzuschicken. Als ich merke, dass er ruhiger wird, rege ich ihn an, seinen inneren Blick doch mal auf sein Herz zu richten. Lange Zeit geschieht scheinbar nichts. Plötzlich merke ich, dass er fast wie erschrocken zusammenzuckt. Gefragt, erzählt er zögernd, dass er

sein Herz sieht. Es sei mit Stacheldraht umwunden. Ganz dicht. Es
hat kaum Platz zu schlagen. Ich mache ihm Mut, das einfach nur
anzusehen und einfach zu fühlen, was das mit ihm macht.

Plötzlich richtet er sich ein paar Zentimeter auf seinem Stuhl auf:
»Jetzt reicht's, ich will das Herz befreien. Da hat mir wer was um-
gelegt, was nicht meines ist.« Nur zu, ermutige ich ihn. Er berich-
tet, wie er sehr »beherzt« und doch sehr zärtlich sein Herz zu be-
freien beginnt. Und es scheint sich zu freuen. Es schlägt ruhiger
und kräftiger. Der Stacheldraht ist lang, aber es gelingt ihm, ihn zu
entsorgen. Ohne weitere Verletzung. Am Ende sitzt er etwas er-
schöpft, aber erleichtert da. Ich frage, ob es wichtig wäre nachzu-
forschen, woher der denn gekommen sei? Nein, weg ist weg – das
reicht, sagt er energisch, immer noch mit geschlossenen Augen.

Ich frage Georg, ob er noch einen Schritt wagen möchte? Ja klar ...
Also rege ich ihn an, er solle doch mal versuchen zu sehen, was denn
in seinem Herzen ist.

Eine längere Zeit des Schweigens folgt. Dann sehe ich Tränen über
seine Wangen laufen. Behutsam frage ich, wie es ihm ginge. »Sooo
schön ...«, murmelt er. Was? Er sei in einer Landschaft, die er noch
nie gesehen hätte. Voller Leben. Berge, Wiesen, Gärten, Tiere ... Und
ein See ... ob er dort wohl schwimmen dürfe? Nur zu, ermutige ich
ihn. Ganz erstaunt ist er, dass das Wasser warm und frisch zu-
gleich ist. Und die Fische schwimmen mit ihm. Er fühlt sich wie neu
geboren. Weit. Leicht. Lebendig.

Als er aus dem Wasser steigt, ist unter einem großen Baum ein Pick-
nick vorbereitet. Lauter Lieblingsspeisen. Es geht ihm soooo gut. Er
lehnt sich an den Baum. Er spürt dessen Kraft. Er sieht fast so aus wie
die große Linde hinter dem Haus seiner lang verstorbenen Großel-
tern. Aber diese hier sei noch kräftiger und vor allem seine eigene ...
Er ruht sich in der milden Sonne noch etwas aus und staunt, dann
lade ich ihn ein, wieder zurückzukommen. Er ist völlig berührt von

dem, was er erlebt hat. Solch eine Fülle und Freiheit in seinem Inne-
ren. Und kein Stress ...
Ich habe ihn gebeten, all das nun gar nicht groß zu besprechen,
sondern es aufzuschreiben und einige Tage lang immer wieder an
diesen Ort zurückzukehren.
Bei seinem nächsten Besuch, etwa zwei Wochen später, war das Bild
noch immer präsent, manches sogar noch deutlicher geworden.
Und seine körperlichen Symptome sind fast weg. Einzig das Schlafen
klappt noch nicht ganz. Aber, so erzählt er, wenn er aufwache, gehe er
meist in seinen inneren See zum Schwimmen und dann kann er ganz
zufrieden weiterschlafen ... Unter dem Baum und in seinem Bett.

»Nur das Unmögliche ist gewiss«, so ermutigt Tertullianus im
3 Jahrhundert verfolgte Christen. Wir werden heute kaum mehr
verfolgt, jedenfalls nicht von außen. Uns verfolgen unsere eigenen
Glaubenssätze, Muster, Ansprüche. Unser Monkey-Mind und das
Monkey-Heart machen uns zu schaffen

»Der Satz ›Du musst dein Leben ändern!‹ (aus Rainer Maria
Rilkes Gedicht Archaïscher Torso Apollos) liefert die Grundform
des Rufes an alle und an keinen. Zwar richtet er sich unmissver-
ständlich an einen bestimmten Empfänger, aber er spricht neben
ihm auch alle anderen an. Wer ihn ohne Abwehr vernimmt, erlebt
durch ihn die Begegnung mit dem Erhabenen in einer persön-
lichen Adressierung«, schreibt Peter Sloterdijk.

Ja, wir alle sind angesprochen, unser Leben zu ändern. Mit und
ohne Affen!

Unser Geist ist unsere Quelle, und seine Potenziale sind ein Le-
bensthema! Diese Potenziale können immer wieder aktiviert werden, wenn Sie es brauchen oder wenn sie sich peu à peu scheinbar
verflüchtigt haben im alltäglichen Trott.

Dieses Buch soll Begleiter und Freund sein, der jederzeit für Sie da ist, wenn Sie wollen. Ein Trainer zudem, der Sie immer und immer wieder darauf aufmerksam macht, dass Sie durch ein wenig Übung immer wieder zu sich selbst zurückkommen können.

Dieses Buch hat keine Altersbeschränkung, es eignet sich für jede Gelegenheit, für jeden Anspruch. Es ist für Frauen und Männer geschrieben, für Liebende und Trauernde gleichermaßen, für Beruf und Freizeit, es hilft für einen neuen Anfang und vielleicht auch für ein gutes Ende.

Ein Letztes

Ich fürchte mich nicht mehr.
Ich fürchte nicht mehr,
was kommen wird.
Mein Hunger ist ausgelöscht,
meine Qual ist ausgetrunken,
mein Sterben macht mich glücklich.
Ich trage meine Fische
auf den Berg.
In den Fischen ist alles,
was ich zurücklasse.
In den Fischen ist meine Traurigkeit –
und mein Scheitern ist in den Fischen.
Ich werde sagen,
wie herrlich die Erde ist, wenn ich ankomme,
wie herrlich die Erde ist …
Ohne mich fürchten zu müssen …
Ich erwarte,
dass mich der Herr erwartet.
Thomas Bernhard, Psalm IX

Anhang

Dank

Meinem Tipp von oben, der Dankbarkeitsliste, folgend, könnten jetzt gefühlte 257 oder mehr Punkte kommen, für die ich dankbar bin, am Ende dieses Buches. Ich muss mich kurzfassen und die Dankes-Affen einstweilen spielen schicken:

Zuallererst danke ich Michaela Breit vom Kösel-Verlag, für ihre Initiative und ihre Hartnäckigkeit – die Affen waren ja ihre Idee; Manuela Wipperfürth für die Anregungen zu meinem Text und Kurt Stelzer für so manche Grundbausteine; Nina Zyla-Auteried und Carena Schüllner für viele Ideen und Recherchen.

Ich danke dem Vertrauen meiner Klientinnen und Klienten und auch meiner Schülerinnen und Schüler, durch die ich immer wieder so reiche Erfahrungen machen darf. Viele haben mir ihre Ideen und Impulse zu Affen, Geist und Potenzial geschickt, die mich sehr beflügelt haben. Leider konnte ich nur wenige davon einbauen.

Ich widme dieses Buch meiner im Mai 2017 verstorbenen Frau Christina.

Ihr, meiner Familie und meinen Freunden verdanke ich viele Impulse, die hier eingeflossen sind.

Ich habe in diesem Buch aus stilistischen Gründen weitgehend auf das »Gendering« verzichtet. Ich hoffe, dass sich niemand dadurch verletzt fühlt.

Zuletzt gelten mein Dank und meine Anerkennung allen Autoren und Büchern, die mich inspiriert haben.

Literatur

Diese Bücher haben mich beim Schreiben inspiriert, aus manchen habe ich zitiert, andere empfehle ich zum Weiterlesen.

Balthasar, Hans Urs von: Das Ganze im Fragment, Einsiedeln 1963

Batthyany, Alexander / Zsok, Otto: Viktor Frankl und die Philosophie, Wien 2005

Broers, Dieter: Gedanken schaffen Realität, München 2010

Buber, Martin: Ich und Du, Gerlingen 1997

Chopra, Deepak: Heilung, München 2010

Drewermann, Eugen: Strukturen des Bösen, Paderborn 1988

Dürr, Hans-Peter / Panikka, Raimon: Liebe – Urquell des Kosmos, Freiburg 2008

Gibran, Khalil: Der Prophet, Zürich 1996

Frankl, Viktor: Ärztliche Seelsorge, München 2007

Frankl, Viktor: Der unbewusste Gott, München 2002

Frankl, Viktor: Der Wille zum Sinn, Bern 2005

Jung, Carl Gustav: Bewusstes und Unbewusstes, Frankfurt 1982

Kierkegaard, Søren: Der Begriff Angst, Stuttgart 1992

Nagel, Thomas: Geist und Kosmos, Berlin 2016

Riedel, Christoph/Deckart, Renate/Noyon, Alexander: Existenzanalyse und Logotherapie, Darmstadt 2002

Rohr, Richard: Pure Präsenz, München 2010

Rosa, Hartmut: Resonanz, Berlin 2016

Roth, Gerhard: Wie das Gehirn die Seele macht, Stuttgart 2014

Schlick, Christoph: Was meinem Leben echten Sinn gibt, München 2017

Sloterdijk, Peter: Du mußt dein Leben ändern, Frankfurt 2016

Tretter, Felix/Grünhut, Christine: Ist das Gehirn der Geist?, Göttingen 2010

Textnachweis

Seite 15: Franz Kafka, in: Gesammelte Werke; Anaconda: Köln 2012, S. 173

Seite 17: Viktoria © Rechte bei der Autorin

Seite 18f.: Jeff Brown, in: Spiritual Graffiti; Enrealment Press, Toronto Canada 2015, S 73. Übersetzung: Christoph Schlick

Seite 20: Albert Schweitzer, in: Kulturphilosophie: Verfall und Wiederaufbau der Kultur. Kultur und Ethik © C. H. Beck, München 2007, S. 82

Seite 29: David Steindl-Rast, in: Credo (Auszug) © 2012 Verlag Herder GmbH, Freiburg i.Br., S. 28

Seite 31: Taylor Charles, zitiert aus einem Interview: philosophie MAGAZIN Nr. 6/14, Philomagazinverlag, Berlin 2014

Seite 39: Martin Buber, in: Ich und Du © 1999, Gütersloher Verlagshaus, Gütersloh, in der Verlagsgruppe Random House

Seite 53: Einheitsübersetzung der Heiligen Schrift © 1980 Katholische Bibelanstalt, Stuttgart

Seite 56: Pablo Picasso, Quelle unbekannt

Seite 66: Simone Weil, Zeugnis für das Gute. Traktate, Briefe, Aufzeichnungen. Walter Verlag, Olten 1979, S. 55f.

Seite 75: Rainer Maria Rilke, in: Die Gedichte. Insel Verlag, Frankfurt am Main 1990, S. 428

Seite 86: Heinz Köhler u. a., in: Die Farben der Wirklichkeit © Lucy Körner Verlag, Fellbach 1983

Seite 96: Marianne Williamson, in: Rückkehr zur Liebe. Übersetzung: Susanne Kahn-Ackermann © Arkana Verlag, München, in der Verlagsgruppe Random House

Seite 105: Fritz Wotruba, Quelle unbekannt

Seite 108: Hartmut Rosa, Resonanz. Eine Soziologie der Weltbeziehung © Suhrkamp Verlag, Berlin 2018

Seite 117: Peter Maffay, Ich will leben. Musik: Peter Maffay; Text: Michael Kunze, Thomas Neumuehl, Bernd Meinunger © RE-RO Edition und Autarc Edition.

Seite 132: Kaylin Haught, God Says Yes to Me. Tilbury House Publishers, USA 1995

Seite 137ff.: Khalil Gibran, Von der Liebe, in: Der Prophet. Übersetzung Karin Graf © Patmos Verlag der Schwabenverlag AG, Ostfildern 2014. www.verlagsgruppe-patmos.de

Seite 145: Karin Grössenbrunner © Rechte bei der Autorin

Seite 150: Thomas Bernhard, in: Gesammelte Gedichte © Suhrkamp Verlag, Berlin 1991, S. 77f

Trotz unserer Bemühungen konnten nicht alle Quellen ermittelt werden. Für weiterführende Hinweise ist der Verlag dankbar.

Eine mitreißende Einladung zum guten Leben

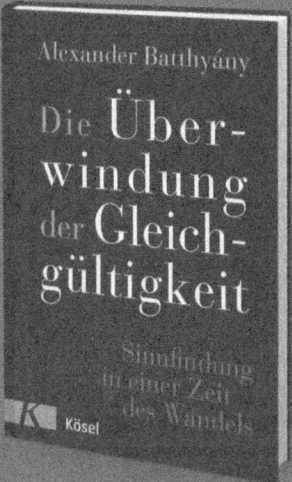

Mitten im Wohlstand haben die meisten Menschen zwar genug, wovon sie leben können, aber vergessen, wofür es sich überhaupt zu leben lohnt. Dieses Buch zeigt Wege hin zu einer engagierten, sinnerfüllten Lebensführung. Denn reich macht uns nicht das, was wir bekommen, sondern das, was wir zu geben bereit sind.

 Kösel

www.koesel.de